U0152473

湖 南 流 域 文 化 丛 书

总编／贺培育　副总编／李 斌 郭 钦

# 沅江流域文化研究

贺培育／主编

唐光斌　吴 波／副主编

社会科学文献出版社

SOCIAL SCIENCES ACADEMIC PRESS (CHINA)

# 湖南流域文化丛书编委会

# 主要编撰者简介

**贺培育** 湖南省社会科学院副院长，党组成员，湖南省社会企业研究中心主任。湖南省首届"五个一批"人才工程专家，湖南省121工程学术人才，国务院政府特殊津贴专家。在光明日报出版社、湖南人民出版社等出版著作多部，在《求是》《红旗文稿》《新华文摘》《光明日报》发表论文若干篇。主持国家社科基金项目、湖南省社科基金重大课题、湖南省社科基金智库专项重大委托课题多项。科研成果多次获湖南省社科优秀成果奖。

**唐光斌** 湖南省社会科学院研究员，哲学研究所副所长，生命哲学研究中心主任；中国医学气功学会理事，中国医学气功学会教育专业委员会副主任委员，湖南省健身气功协会副主席，湖南省伦理学会常务理事。主要从事哲学与文化研究，涉及马克思主义哲学、中国哲学气文化、生命哲学与伦理等领域。主持国家社科基金重大委托项目子课题和省部级各类课题20余项，出版著作10余部，发表论文100余篇。获国家健身气功突出贡献奖。

**吴 波** 湖南农业大学党委委员、副校长，文学博士，二级教授，中国儒林外史学会副会长，"湖南省首届青年哲学社会科学百人工程学者"及"湖南省新世纪 121 工程"入选专家。主要从事中国古代文学、文化及民族学教学与研究。主持国家及省级以上科研项目 6 项,出版《明清小说创作研究》《新编中国古代文学史》等 16 部专著,发表研究论文 70 余篇。

# 一湖四水的文化承载

## （总序）

　　湖南历史悠久、文脉绵长、底蕴深厚，生于斯，长于斯，那山、那水、那人家，亘古及今，湖湘人民生生不息地孕育、传承和发展了博大精深的湖湘文化。诚如一代国学大师钱基博在其《近百年湖南学风骈文通义》导言中所言："湖南之为省，北阻大江，南薄五岭，西接黔蜀，群苗所萃，盖四塞之国。其地水少而山多。重山叠岭，滩河峻激，而舟车不易为交通。顽石赭土，地质刚坚，而民性多流于倔强，以故风气锢塞，常不为中原人文所沾被。抑亦风气自创，能别于中原人物以独立。人杰地灵，大儒迭起，前不见古人，后不见来者，宏识孤怀，涵今茹古，罔不有独立自由之思想，有坚强不磨之志节。湛深古学而能自辟蹊径，不为古学所囿。义以淑群，行必厉己，以开一代之风气，盖地理使之然也。"[①] 这是钱基博对湖南地理因素对湖南人文学风的形成及影响的独到见解。湖湘文化作为中华文化的重要组成部分，因受湖南地理环境因素的影响具有鲜明的地域特色。站在全国的角度看，湖湘文化自成一体，独具特色，但是从湖南境内看，湖湘文化又因其境内的不同地域而形成各具特色的子系统区域文化。流域是指以某一条河流为主线，由分水线包围的河流集水区所形成的独

---

① 钱基博：《近百年湖南学风骈文通义》，上海古籍出版社，2012，第5页。

立区域。常言道"一方水土养一方人"。水为生命之源，河流是人类文明发祥、发展的重要载体，"人"作为文化和文明的主体，我们虽然不能以绝对的环境论来阐释环境决定一切，但是生活在特定区域环境下的人一定会与这一区域的地理因素产生千丝万缕的必然联系。为此，我们根据湖南山水特点，以水为纲，将湖湘文化按湘江流域、资江流域、沅江流域、澧水流域和洞庭湖区划分开来，力图以流域为单元，通过"一湖四水"的文化承载来研究湖湘文化，以达新解。

## 一 湘水壮阔 文运天开

湘江又称湘水，为长江中游南岸洞庭湖水系一级重要支流，湖南四大河流之一。湘江源头由东西两源组成，西源发于广西壮族自治区兴安县近峰岭，据《水经注》载："湘水出零陵始安县阳海山。"清钱邦芑《湘水考》载："湘水，源出广西桂林府兴安县海阳山，山居灵川、兴安之界上，多奇峰绝壑，泉水之始出也，其流仅可滥觞。"东源发自湖南省永州市蓝山县紫良瑶族乡野狗岭，为潇水源头，于永州市零陵区萍岛与西源汇合。湘江流域面积为湖南四水之最，湖南14个市州有8个在湘江流域，全省经济、政治、文化和人口重心都在湘江流域，因此，湘江被誉为湖南的母亲河，"湘"成为湖南省的简称。

湘江流域位居湖南中东部，河谷开阔，江宽水缓，自古得灌溉和舟楫之利，北通中原、南达岭南的优越区位，使湘江流域的文化承载丰满而厚重。由于人类趋利避害、逐水而居及水系的关系，湘江流域发育形成了许多临水型城市，如长沙、湘潭、株洲、衡阳、永州等，其中长沙、衡阳、永州是最具有代表性的集湘江流域文化之大成的城市文明综合体。长沙地处湘江下游及浏阳河与湘江交汇处，位居湘江流域门户，为中原通达岭南的水陆枢纽，具有"南连衡岳，北连洞庭，势控荆湘，缩毂南北"[①] 的区位优势，为湖南水陆交通要冲，春秋战国时期逐渐形成城邑，为秦长沙郡、汉长沙国治所，有"楚汉名城"之称。长沙城市的发展是历代政治治所和湘江流域水陆交通完美结合的结果，自秦代以后，长沙逐渐发展成为湖南地区的政治、经济、文化和交通中心。衡阳，位于湘江中下游交界处的衡阳盆地，蒸水、耒水与湘江交汇处，被誉为"三水汇聚，衡雁福地"，为中原通往岭南的重要陆路节点和水路交通枢纽，春秋战国时为楚南人烟密集和商贸繁盛之地，成为楚南重镇，自有建置以来即为历代郡、府、路、州治所，是一座文化底蕴深厚、充满活力的临水型城市。永州又称零陵，地处潇水与湘江交汇处，为湘江中上游水陆交通要冲，是湘江流域通达岭南两广地区的重要节点，两汉时期的零陵郡治设置于此，历为郡、府、路、州治所，是一座文化底蕴深厚、人文气息浓厚的历史文化名城。湘江流域的城市因水而生，因水而兴。近现代以来，粤汉铁路、湘桂铁路都沿湘江流域的河谷布线，如今京广高铁、京珠高速也同样如此。湘江流域地域、地势、河流与交通区位同向，可谓得天独厚，湘江流域由此造就了较为兴盛的文化与文明。

## 二　资水险急　文化出彩

　　资江又称资水，为长江中游南岸洞庭湖水系一级支流，湖南四大河流之一。资江西源发于城步苗族自治县青界山主峰黄马界西麓，俗称赧水，旧志又称资水或都梁水，由西南向东北至邵阳县塘渡口镇双江口与夫夷水汇合。资江东源发源于广西壮族自治区资源县境内越城

---

① 湖南省博物馆、湖南省文物考古研究所、长沙市博物馆、长沙市文物考古研究所：《长沙楚墓》上卷，文物出版社，2000，第1页。

岭山最高峰猫儿山，俗称夫夷水，由南向北流至新宁县窑市镇六坪村塔子寨进入湖南，在邵阳县双江口与西源赧水汇合。两源汇合后始称资江，旧志和传统习惯多以赧水为资水。从整个资江流域看，由于中游地区山高水险，资江流域文化呈现三段式结构，上、中、下游三大区域各具特色，各领风骚，构成了资水险急、人文出彩的独特文化风貌。

资江流域上游地区主要为今邵阳市域，地形以邵阳盆地为中心，西有雪峰山为屏障，南有越城岭阻隔，北为高山峡谷锁闭，唯有东面与湘江流域以缓丘相连，特别是湘江支流涟水深入盆地东北部边缘，分水岭相当低矮平缓，因此资江流域上游地区深受湘江流域文化的影响。资江上游地区虽然深受湘江流域文化的影响，但是其流域地形特点也孕育了本地域显著的文化特色。在语言上，资水上游地区虽然与湘江中下游同属汉语湘方言区，但湘江流域地形开阔，受其他方言影响较大，形成新湘语区，而资江上游地区西、南、北三面有高山阻隔，受其他方言影响小，较好地保留了古湘语成分，形成老湘语区。在地理因素对人类生产生活影响上，资江上游地区为典型的盆地结构，来自东南的暖湿气流在翻越南岭山脉后形成下沉气流，因而降水较湖南其他地区偏少，形成干旱走廊，如遇干旱年份，农作物歉收，加之人多地少，为了养家糊口、添补家用，当地人多养成精打细算及出门做手艺活和贩货走鬻的习性。明清至民国时期，邵阳货郎走街串巷，邵阳手艺工匠进城入乡，宝庆会馆遍及各地，邵阳商帮用拳头开辟武汉鹦鹉洲码头，靠蛮勇立足汉正街。如今资江流域上游的邵阳人血液中流淌着精明能干的基因，承袭着经商办厂的文化传统。

资江中游穿流雪峰山脉，山高水险，水流湍急，支流短小，流域范围涵盖今新化、安化及冷水江大部分地域。由于特殊的地理因素和人居环境，资江中游流域因山高谷深、平地有限而形成了高山灌溉系统的梯田农耕文化，因山高林密、巡山狩猎而产生了崇拜自然山林的巫风文化，因水急浪险、搏浪涉水而养成了勇猛爽直的尚武文化。资江中游的雪峰山区，习惯上被称为"梅山地区"，这里的山统称为"梅山"，新化俗称"上梅山"，安化俗称"下梅山"，这一地域所孕育、产生的地域文化，被学界称为"梅山文化"。

资江流域下游地区属于平原和缓丘区，河床展宽、水流平缓，位居洞庭湖南岸，在地形地貌上与沅江下游、湘江下游连成一片，加之秦汉以后，这一地域在行政管理上长期受湘江流域长沙郡、长沙府的统辖，因此资江下游地区的经济、政治、文化等都深受湘江流域影响，该地域的语言与长沙相近，同属新湘语方言区，人文风俗也几近于长沙，即使在当今时代，这一地域也被称为长沙的"后花园"。

资江流域的城市多因水而生，但受地形因素的影响，资江流域的临水型城市，呈现上下游发展强、中游发展偏弱的特点，整个流域的城市发展以邵阳和益阳最具有代表性。邵阳位居资江上游邵阳盆地中心，地处邵水与资江交汇处，水运便利、地形开阔，这使邵阳成为资江上游地区的政治、经济、文化和交通中心，自两汉建置以来，成为历代郡、府、路、州治所。益阳地处资江下游，为资江流域门户，也是洞庭湖南岸陆路的重要节点，春秋战国时期，楚国就在此设立益阳县治，便利的水陆交通使益阳发展成为资江流域下游和环洞庭湖区的重要城市。

### 三　沅水悠长　文渊多样

沅江又称沅水，为长江中游南岸洞庭湖水系一级重要支流，湖南四大河流之一。关于沅江源头，有贵州省都匀市云雾山鸡冠岭、都匀市斗篷山和贵定县岩下乡摆洗村等多种说法，第一次全国水利普查，确认贵州省黔南布依族苗族自治州贵定县昌明镇高坡村为沅江的源头。传统习惯上，认为沅江发源于贵州省东南部，有南北二源。南源马尾河，又称龙头江，发源于都匀县（今都匀市）云雾山鸡冠岭；北源重安江，又称诸梁江，源出麻江县平越间大山。沅江以南源为正源，南北二源相汇合后，称清水江，流经至湖南省会同县漠滨乡金子村入境湖南，东流至洪江市（原黔阳县）托口镇与渠水汇合，始称沅江。

沅江流域中上游地区是湘、黔、鄂、桂、渝四省一市边区文化相互交融、相互影响的区域，受行政统属的影响，在贵州境内的地域文化称为黔文化，重庆东南和湖北西南部边境的地域文化习惯上称为巴渝文化，而在湖南省境内的地域文化为湖湘文化。沅江流域中上游的核心区域在湖南省境内，其地域范围为怀化市、湘西土家族苗族自治州及邵阳市的城步苗族自治县和绥宁县，沅江水系的主要支流渠水、潕水、巫水、溆水、辰水、武水、酉水都在湖南境内汇入干流。沅江流域中上游湖南境内的早期文明涵盖了本流域特有的潕水文化、高庙文化和外来的大溪文化、屈家岭文化、龙山文化，文化序列完整、脉络清晰，人类活动遗迹众多，说明在远古时代的渔猎经济条件下，这一地域的生态地理环境适合早期人类繁衍生息。

在历史的发展长河中，沅江流域的早期先民被称为群蛮和百濮，他们可能是沅水流域真正的世居族群。蚩尤部落在北方中原各部落联盟之间的角逐中失败，由江淮地区经洞庭湖沿沅江河谷进入湘西和黔东南地区，从而形成苗蛮集团并发展演变成为苗族、瑶族的先民；随后沅江流域西北部巴蜀地区的先民也在北方部族的挤压下向湘西沅江流域迁徙，巴人成为土家族的先民。苗蛮集团和巴人迁入并与当地世居族群不断融合，形成了沅江流域中上游地区的多民族格局。沅江流域中上游地区的各少数民族在史书中通常被称为"五溪蛮"或"武陵蛮"。当然，随着时间的推移和时代的进步，经过历代中央王朝的不断征伐、开拓、移民和教化，汉族和其他民族也逐渐进入沅水中上游地区，他们大多聚居在河谷平原、山间盆地、交通要道和行政治所，因此居于河谷平原、山间盆地、交通要道和行政治所附近的少数民族逐渐与汉民族融合，而僻居高山深谷的少数民族则仍然保留着原有民族的特性，沅江流域中上游地区因而成为以汉、苗、侗、土家族为主体，瑶、布依、白、水、壮、回族等多民族聚居的地区，成为中原和东部汉族聚居地区与西南少数民族地区交相融合的区域。明清时期，滇黔地区获得开发，"改土归流"推行，随着移民开发和军旅驻防，大批移民、官宦眷属和江浙闽商来到沅江流域中上游地区，楚巫文化、苗蛮文化、巴蜀文化（川渝分治后称"巴渝文化"）、侗壮文化及中原文化、江浙文化和妈祖文化在这里交融互动，构成了沅江流域中上游地区以五溪文化为核心的多元文化交融图景。民俗上多民族交融、相互吸纳，语言上以西南官话为主、各族语言并存，飞山庙、盘瓠庙、天王庙、龙王庙、伏波庙、苏州会馆、"万寿宫"、"天后宫"等都在沅江流域中上游地区留下众多遗迹就不足为奇了。清代湖南建省后，沅江流域中上游湖南境内的五溪地区隶属湖南巡抚管辖，厚重多样的五溪文化成为湖湘文化的重要组成部分。近现代以来，随着社会的不断进步和交通的不断完善，沅江流域中上游湖南境内的五溪地区受东部湘江和资江流域的文化影响也进一步加深。

沅江流域下游地区为今常德市域的一部分，沅江干流进入平原缓丘区，水势平缓、河面宽阔，由于位居沅江下游，因而成为滇黔和湘西的门户。明洪武五年（1372），维吾尔族将领哈勒·八十奉命率军驻守常德，其军中的回族和维吾尔族将士随后在沅江流域下游地区落籍定居并繁衍生息，由此带来了穆斯林文化，他们与当地人和谐相处，丰富了沅江流域下游地区的文化内涵。沅江流域下游地区，地势平坦、无险可据。这里既是通往湘西、黔东、川（今渝）东南地区的水陆要冲，又是北方中原地区与南方及岭南地区的陆路交通的节点，优越的自然条件和地理区位，使这一地区容易受到北方中原文化的影响而成为湖南境内开化、开发最早的地域。善卷的"让王不受"形成了"善德文化"，屈原的流放南来催生了"爱国情怀"，陶渊明的《桃花源记》展现了豁达乐观的胸襟，刘禹锡的"竹枝词"激发了"诗兴词韵"，特殊的地理环境，使沅江流域下游地区的土著文化与荆楚文化、中原文化在这里碰撞、交流、融合，并不断继承、吸收、演进和发展从而形成湖湘文化中一种具有鲜明特色的地域文化，构成了中原文化、巫楚文化、湖湘文化在这里交相辉映的图景。

沅江流域的城市为典型的临水型城市，其中以常德、沅陵和洪江最具代表性，但由于地形因素，除下游常德城市发展成熟、建置稳定外，其他中上游城市因受山区河谷地形影响，城市都呈现发展缓慢和建置不稳定的特征。沅江流域中上游地区由于在地形上高山阻隔、地貌多样，形成了具有多民族特色和多元结构的"五溪文化"，在方言上与川、黔语言相近，属西南官话；而下游地区在地形上开阔平坦，形成了承南启北、相互交融的地域文化，在方言上与湖北方言相近，属北方官话荆楚话。这种中上游地区与下游地区截然不同的地形差异，构成了沅江流域文化的多样性，使沅江流域文化多元而丰满。


## 四　澧水靛蓝　文明深厚

澧水因《楚辞》"沅有芷兮澧有兰"之句，又名兰江，为长江中游南岸洞庭湖水系一级支流，湖南四大河流之一。关于澧水得名之来由，一说因其上游"绿水六十里，水成靛澧色"而得名；一说远古时期，当地先民多居丛岩邃谷，甘泉冷冽，岚瘴郁蒸，非辛辣刚烈之食不足以温胃健脾，故酿制甜酒，煮酒豪饮成习，因醴为甜酒，由是"醴""澧"同音异写，遂得澧水之名。澧水发源于湖南西北部与湖北西南部交界处的武陵山脉东北支南麓，有北、中、南三源。北源发于桑植县五道水镇杉木界，中源发于龙山县大安乡翻身村，南源发于永顺县龙家寨东北。通常以北源为正源，三源于桑植县南岔汇合后，由西向东流经大庸（今张家界市永定区）、慈利、石门、临澧、澧县、津市等县市，于津市市小渡口注入洞庭湖。澧水为湖南四水中流程最短的一条河流，但澧水流域地处武陵山脉最为高耸延绵的一列山岭的南侧，打开湖南地形图，就会在湖南西北部看到这列山岭巍峨延绵的"身躯"，有"湖南屋脊"之称。澧水在湖南四水中以水清深澈和文明厚重而著名，故其特点堪称澧水靛蓝、文明深厚。在湖南四水中澧水虽然流程最短，但由于其独特的区位和地质地貌等地理条件，澧水流域文化呈现深厚与丰富多重并举、人文与自然交相辉映的绚丽图景。

根据考古发掘资料，在澧水流域上中下游地区都发现旧石器时代和新石器时代遗址，特别是中下游地区的河谷台地和澧阳平原所发现的旧、新石器时代遗址达500多处，由于这些文化遗存具有鲜明的地域特征，考古学界将这类文化遗存称为"澧水文化类群"，其文化序列为"彭头山文化"—"皂市下层文化"—"大溪文化"—"屈家岭文化"—"长江中游龙山文化"，承袭关系完整而连续，展现了澧水流域深厚的文化脉络。其中较为著名的有：津市虎爪山遗址、燕尔洞"石门人"遗址、澧县彭头山文化遗址、澧县八十垱遗址、石门皂市下层文化遗址、澧县城头山古城遗址等。

澧水流域与沅江流域虽同为群蛮百濮所居，但与沅江流域稍有不同。因澧水流域与鄂西南及巴蜀地区相连，所以在群蛮百濮的区分上，澧水流域多为巴濮、庸人，沅江流域多为苗蛮、濮僚。澧水流域的巴濮和庸人通过交相融合成为土家族的先民，这也是现今澧水流域中上游地区的少数民族多为土家族的原因。澧水流域地处湖南西北部，其下游澧阳平原与湖北江汉平原连为一体，同为长江中下游平原的一部分，而上游地区与湖北西南部相邻，与重庆东南部近在咫尺，同属武陵山区，自古以来，这里就是湖湘地区北通中原、西抵巴蜀的交通要道。澧水中上游地区与沅江中上游地区同属武陵山区，这里的少数民族都被统称为"武陵蛮"，虽然中央王朝及中原文化逐渐进入这一地区，但由于"蛮夷叛服无常"，加之此地多崇山峻岭的地形因素，因此，澧水中上游地区形成了以土家族、汉族、白族为主体的多元文化区域。近现代以来，随着社会经济和交通的发展，澧水流域各种文化逐渐相互交融，成为湖湘文化的重要组成部分。

澧水流域除了人文历史文化外，还有一张闻名世界的自然文化名片——世界自然文化遗产。澧水流域中上游地区以张家界境内群山为代表的山体多由石英砂岩构成，特殊地质结构和多雨的气候条件，使石英砂岩在暴雨的冲刷下发育为成景母岩，再通过流水侵蚀、重力崩塌、风化等外力作用，形成以棱角平直的高大石柱林为主，以深切嶂谷、石墙、天生桥、方山、平台等为辅的地貌形态，孕育出"奇峰三千、秀水八百"的独特地貌景观，被誉为"天然水墨，人间仙境"。

## 五　洞庭浩渺　人文荟萃

洞庭湖位于长江中游南岸，是中国著名的五大淡水湖之一。远古时期，在今洞庭湖平原和江汉平原的长江中游地区有一片水域辽阔的汪洋大湖，古称云梦泽。由于长江在流出三峡进入平原地区后，水势变缓、流速降低，长期的泥沙淤积，使古云梦泽逐渐缩小，从而演变成为现今的洞庭湖。洞庭湖西北和北面通过松滋、太平、藕池、调弦四口接纳长江来水，南和西有湘、资、沅、澧四水汇注，东有汨罗江、新墙河等小支流汇入，于东北在岳阳市城陵矶注入长江。洞庭湖是长江流域江湖关系最密切和蓄洪调水能力最强的调蓄性湖泊，具有强大的蓄洪能力，是长江中下游地区防洪安全的重要保障。历史上，洞庭湖曾号称"八百里洞庭"，长期位居"五湖之首"，由于位居长江中游荆江南岸，又有四口与长江相通，加之湘、资、沅、澧四水注入，其接纳的入湖水量和覆盖的流域面积是整个长江流域最大的。关于洞庭湖的面积，如今还没有确切一致的说法，据相关专家测算，作为蓄洪和行洪型的调蓄性湖泊，如果将现有湖面面积加上洪道的水域面积，洞庭湖可能仍然是中国第一大淡水湖泊。由于四水汇注、北通长江，因此洞庭湖区既是湘、资、沅、澧四水的地理门户，也是四水流域经济、政治、社会和文化相互交融的联系纽带，其区域文化呈现由水性、大度、包容、抗争和忧乐等多重因素组成的复合型特性，可概称为"洞庭浩渺、文化荟萃"。洞庭湖区地形平坦、土地肥沃、物产丰富，因盛产鱼虾和水稻而成为著名的"鱼米之乡"，其所孕育承载的区域文化既有南来北往、四水汇聚的融合，又有烟波浩渺的大湖激荡，其所呈现的文化特色使湖湘文化更加光芒而耀眼。

　　洞庭湖区位于湖南北部，地处湘、资、沅、澧四水下游，地势平坦、河网密布、堤垸纵横、港汊交错，尽显平原水乡特色，优越的地形和丰富的水资源为人类的生产生活提供了必要的条件。由于洞庭湖位于湖南省北部，又是湘、资、沅、澧四水注入的下游地域，历史上的任何时期，不管是尧、舜、禹南巡，还是楚人南下、秦汉南征，但凡中原地区的经济、政治、军事、文化等与湖南交流交往都要首先经过洞庭湖地区。洞庭湖地区既是近现代的公路、铁路南北交通干线所必经之地，也是沿洞庭湖东西两侧进入湖南所必经之地，因此这一地域成为湖南文化交融最活跃的地区，四水流域文化的汇注和南北文化的交融形成了洞庭湖区文化的包容性。由于洞庭湖属于调蓄型通江大湖，因此生活在湖区的人们，在长期与湖水为伴、与洪灾水患搏击抗争的过程中既形成了多情柔和的水一般的品格，又养成了同舟共济的团队和抗争精神，这或许就是如今湖南人戏称所谓的"常德帮、岳阳帮、益阳帮"的文化土壤。洞庭湖区所形成的这些文化特性展现出的是水天辽阔、大度坦荡及忧国忧民的大湖文化。

洞庭湖区的城市属平原水乡与河湖结合型临水城市。在农耕和渔猎经济的古代，洞庭湖西岸的澧阳平原就迎来了中国古代早期城市文明的曙光，以城头山古城遗址为代表的古代城市，标志着洞庭湖区的城市起源、发展与水利、地利有着天然的联系。洞庭湖区的城市都属于濒河湖、尽地利的临水型城市，但由于湖区多水患且湖巷河汊众多，沙洲阻隔，城市发展空间有限，只有湖河结合较好的门户型临水城市发展空间更为广阔，其中以岳阳、益阳、常德最具代表性。岳阳古称"巴陵"，地处洞庭湖与长江交汇处，汇纳四水，吞吐长江，是湖南境内水路交通区位最优越的临水型城市。岳阳扼洞庭湖通长江之口，为洞庭湖东岸水路、陆路进出湖南的必经之地，其城市发展在洞庭湖区流域文化中具有极其重要的地位。益阳、常德分别为洞庭湖南岸和西岸湖河结合的临水型城市，二者濒湖临河，既有湖水相托，又有扼守资江、沅江门户及流域广袤腹地的区位地理优势，因而发展成为洞庭湖区的重要城市。岳阳、益阳、常德三座城市既得洞庭湖之利，又得通长江、资江、沅江之便，三者环绕洞庭，对湖区城市的发展具有极强的辐射和引领带动作用。

湖南流域文化是中华文明文脉的重要组成部分。习近平强调，人与水的关系很重要。世界几大文明都发源于大江大河。人离不开水，但水患又是人类的心腹大患。人类在与自然共处、共生和斗争的进程中不断进步。和谐是共处平衡的表现，但达成和谐需要有很多斗争。中华民族正是在同自然灾害做斗争中发展起来的伟大民族。湖湘文化是湖南省境内文化的总称，通过洞庭湖和湘、资、沅、澧四水流域文化的承载而体现，无论是湘、资之气，还是沅、澧之风，都是湖湘文化的重要组成部分。为传承中华优秀传统文化，我们根据湖南省境内湘、资、沅、澧四水流域及洞庭湖区的地理、人文、风俗等文化特点，撰写了这套"湖南流域文化丛书"，其目的就是以水为纲，以流域为单元，以全景式的新视角将湖湘文化呈现给读者，以期为湖南流域文化的挖掘、传承、保护、开发、研究提供有益的探索，为赓续湖湘历史文脉、讲好"湖南故事"、坚定文化自信注入精神动力。

贺培育

2022 年 6 月

# 目　录

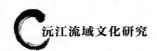

# 代序　水经注·沅水<sup>*</sup>

沅水出牂柯且兰县，为旁沟水，又东至镡成县，为沅水。东过无阳县，无水出故且兰，南流至无阳故县。县对无水，因以氏县。无水又东南入沅，谓之无口。沅水东迳无阳县，南临运水，水源出东南岸许山西北，迳其县南流，注于熊溪。熊溪南带移山，山本在水北，夕中风雨，旦而山移水南，故山以移为名，盖亦苍梧郁州、东武怪山之类也。熊溪下注沅水。沅水又东迳辰阳县，县有龙溪水，南出于龙峤之山，北流入于沅。沅水又东，滏水注之，水南出扶阳之山，北流会于沅。沅水又东与序溪合，水出武陵郡义陵县鄜梁山，西北流迳义陵县，王莽之建平县也，治序溪。其城，刘备之秭归。马良出五溪，绥抚蛮夷，良率诸蛮所筑也。所治序溪，最为沃壤，良田数百顷，特宜稻，修作无废，又西北入于沅。沅水又东合淑水，水导源淑溪，北流注沅。沅水又东迳辰阳县南，东合辰水，水出县三山谷，东南流，独母水注之，水源南出龙门山，历独母溪，北入辰水。辰水又迳其县北，旧治在辰水之阳，故即名焉。《楚辞》所谓夕宿辰阳者也，王莽更名会亭矣。辰水又右会沅水，名之为辰溪口。武陵有五溪，谓雄溪、樠溪、无溪、酉溪，辰溪其一焉。夹溪悉是蛮左所居，故谓此蛮

*　〔北魏〕郦道元：《水经注校证》卷三十七，陈桥驿校证，中华书局，2007，第829～832页。

1

五溪蛮也。水又迳沅陵县西，有武溪，源出武山，与酉阳分山，水源石上有盘瓠迹犹存矣。盘瓠者，高辛氏之畜狗也。其毛五色，高辛氏患犬戎之暴，乃募天下有能得犬戎之将军吴将军头者，妻以少女。下令之后，盘瓠遂衔吴将军之首于阙下，帝大喜，未知所报。女闻之，以为信不可违，请行，乃以配之。盘瓠负女入南山，上石室中。所处险绝，人迹不至。帝悲思之，遣使不得进，经二年，生六男六女。盘瓠死，因自相夫妻。织绩木皮，染以草实，好五色衣，裁制皆有尾。其母白帝，赐以名山。其后滋蔓，号曰蛮夷。今武陵郡夷，即盘瓠之种落也。其狗皮毛，嫡孙世宝录之。武水南流注于沅。沅水又东，施水注之，水南出施山溪，源有阳欺崖，崖色纯素，望同积雪。下有二石室，先有人居处其间，细泉轻流，望川竞注，故不可得以言也。施水北流会于沅，沅水又东迳沅陵县北，汉故顷侯吴阳之邑也，王莽改曰沅陆。县北枕沅水。沅水又东迳县故治北，移县治，县之旧城置都尉府，因冈傍阿，势尽川陆，临沅对酉，二川之交会也。酉水导源益州巴郡临江县，故武陵之充县酉源山，东南流迳无阳故县南，又东迳迁陵故县界，与西乡溪合，即延江之枝津，更始之下流，谓之西乡溪口。酉水又东迳迁陵县故城北，王莽更名曰迁陆也。酉水东迳酉阳故县南，县，故酉陵也。酉水又东迳沅陵县北，又东南迳潘承明垒西，承明讨五溪蛮，营军所筑也。其城跨山枕谷。酉水又南注沅水，阚骃谓之受水，其水所决入，名曰酉口。沅水又迳窦应明城侧，应明以元嘉初伐蛮所筑也。沅水又东，溪水南出茗山，山深回险，人兽阻绝，溪水北泻沅川。沅水又东与诸鱼溪水合，水北出诸鱼山，山与天门郡之澧阳县分岭，溪水南流会于沅。沅水又东，夷水入焉，水南出夷山，北流注沅。夷山东接壶头山，山高一百里，广圆三百里。山下水际，有新息侯马援征武溪蛮停军处。壶头径曲多险，其中纤折千滩。援就壶头，希效早成，道遇瘴毒，终没于此。忠公获谤，信可悲矣。

刘澄之曰：沅水自壶头枝分，跨三十三渡，迳交趾龙编县，东北入于海。脉水寻梁，乃非关究，但古人许以传疑，聊书所闻耳。

又东北过临沅县南，临沅县与沅南县分水。沅南县西有夷望山，孤竦中流，浮险四绝，昔有蛮民避寇居之，故谓之夷望也。南有夷望溪水，南出重山，远注沅。沅水又东得关下山，东带关溪，泻注沅渎。沅水又东历临沅县西，为明月池、白壁湾。湾状半月，清潭镜澈，上则风籁空传，下则泉响不断。行者莫不拥楫嬉游，徘徊爱玩。沅水又东历三石涧，鼎足均跱，秀若削成。其侧茂竹便娟，致可玩也。又东带绿萝山，绿萝蒙幂，颓岩临水，实钓渚渔咏之胜地，其迭响若钟音，信为神仙之所居。沅水又东迳平山西，南临沅水，寒松上荫，清泉下注，栖托者不能自绝于其侧。沅水又东迳临沅县南，县南临沅水，因以为名，王莽更之曰监沅也。县南有晋征士汉寿人袭玄之墓，铭，太元中车武子立。县治武陵郡下，本楚之黔中郡矣。秦昭襄王二十七年，使司马错以陇蜀军攻楚，楚割汉北与秦。至三十年，秦又取楚巫黔及江南地，以为黔中郡。汉高祖二年，割黔中故治为武陵郡，王莽更之曰建平也。南对沅南县，后汉建武中所置也。县在沅水之阴，因以沅南为名。县治故城，昔马援讨临乡所筑也。沅水又东历小湾，谓之枉渚。渚东里许，便得枉人山。山西带修溪一百余里，茂竹便娟，披溪荫渚，长川迳引，远注于沅。沅水又东入龙阳县，有澹水出汉寿县西杨山，南流东折，迳其县南。县治索城，即索县之故城也。汉顺帝阳嘉中，改从今名。阚骃以为兴水所出，东入沅。而是水又东历诸湖，方南注沅，亦曰渐水也。水所入之处，谓之鼎口。沅水又东历龙阳县之氾洲，洲长二十里，吴丹杨太守李衡，植柑于其上。临死敕其子曰：吾州里有木奴千头，不责衣食，岁绢千匹。太史公曰：江陵千树橘，可当封君。此之谓矣。吴末，衡柑成，岁绢千匹。今洲上犹有陈根余枿，盖其遗也。沅水又东迳龙阳县北，城侧沅水。

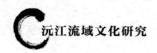

沅水又东合寿溪，内通大溪口，有木连理，根各一岸而凌空交合。其上承诸湖，下注沅水。

又东至长沙下隽县西，北入于江。

沅水下注洞庭湖，方会于江。

# ‖ 第一章 ‖

# 沅江流域与沅江文化

沅江也称沅水，是长江的一级支流，为洞庭湖水系湘、资、沅、澧四大支流之一，流经的范围包括湘、黔、鄂、渝四省市 9 个地区 63 个县（市、区），发源于贵州省东南部黔南布依族苗族自治州贵定县昌明镇高坡村①，东流至湖南的洪江市（原黔阳县）托口镇与渠水会合后，始称沅江，在湖南西北部常德入洞庭湖。河道主体流向自西南向东北，流域总面积为 89833 平方公里，湖南境内流域面积为 51066 平方公里，占整个流域面积的 56.8%，沅江干流全长 1053 公里，在湖南境内为 568 公里。② 主要支流有渠水、潕水、巫水、溆水、辰水、武水和酉水等河流。

对沅江源头的说法，学术界一直以《湖南省志·地理志》记载为准。《湖南省志·地理志》记载："沅水发源于贵州东南部，有南北二源：南源龙头江，源出贵州都匀县的云雾山鸡冠岭，又称马尾河。北源重安江，源出贵州麻江县平越间的大山，又称诸梁江。而以南源

---

① 沅江的源头有多种说法，如贵州都匀云雾山鸡冠岭、贵州都匀斗篷山、贵州贵定县岩下乡摆洗村等。在 2010～2012 年第一次全国水利普查中，贵州省水利部门确认贵定县昌明镇高坡村为沅江的源头，得到国务院水利普查办和水利部的认定。一般认为沅江在常德汉寿县坡头镇汇入洞庭湖。

② 沅江流域总面积和干流总长度在第一次全国水利普查中有修正。见李国斌、何力柱《那山那水那源头》，湖南日报网 - 华声在线，https：//hnrb. voc. com. cn/article/201306/201306232218511045. html。

为主干。两江在螃蟹上汊河口相汇合后，称清水江，先后流经台江、剑河、锦屏、天柱等县至銮山入湖南芷江县境，东流至黔阳县①黔城镇与潕水汇合，始称沅水②。沅水在湖南境内流经芷江、怀化、会同、黔阳、溆浦、辰溪、泸溪等县，至沅陵折向东北，经桃源、常德注入洞庭湖。常德德山为沅水河口，德山以下及汉寿境内为流入洞庭湖的尾闾"③。但是第一次全国水利普查修正了关于沅江源头的说法，对沅江干流的长度也进行了修正。

从自然地理环境来看，沅江流域东以雪峰山与资水为界，南以苗岭与都柳江为邻，西以梵净山与乌江相隔，北以武陵山与澧水分界，在这区间内形成了一个封闭、独特的自然地理单元；从历史上的发展与文化交融来看，沅江流域可以说是一个中原文化与西南少数民族文化相互交融的区域与通道。

## 一 沅江流域概况

沅水的上游清水江从怀化市会同县漠滨侗族苗族乡金子村④进入湖南，至汉寿县汇入洞庭湖，湖南境内的干流和支流流经地域主要包括怀化、湘西以及张家界、常德、邵阳的部分地区。

### （一）沅江流域的自然地理概况

沅江流域涵盖黔东、湘西、渝东南的酉阳和秀山以及鄂西的来凤

---

① 黔阳县今为洪江市。
② 此说法有误。实际是清水江入湘后，东流经芷江侗族自治县至洪江市托口镇与渠水汇合，始称沅水。
③ 湖南省地方志编纂委员会编《湖南省志·地理志》下册（修订本），湖南人民出版社，1986，第513~514页。
④ 湖南省怀化地区志编纂委员会编《怀化地区志（上卷）》，生活·读书·新知三联书店，1999，第287页。

等区域，流域面积十分广阔。从地理位置来看，沅江流域西连云贵高原东麓，南倚岭南，北抵长江、三峡，东以雪峰山脉为界，促使沅江流域形成了一个较为封闭的自然地理区域，这一区域由一系列盆地与低山丘陵组成。这一流域总体上属云贵高原二级阶梯向江南丘岭三级阶梯的过渡地带，主要介于武陵山脉与雪峰山脉之间，多呈坝子形特色。在沅江流域比较典型的盆地有怀化境内的沅麻盆地、芷怀盆地、安洪盆地等。

沅江流域因为河流的走向，流域内的上游、中游与下游地段之间，自然地理情况也有着较为明显的区别。整体而言，自怀化洪江以上，是沅江流域的上游地段；洪江以下，直至怀化的沅陵中间狭长蜿蜒的区间，可以称为沅江中游地段；沅陵以下，到常德境内，则算是沅江流域的下游。从行政区划上来看，沅江流域流经的区域主要包括贵州黔东南苗族侗族自治州的大部分县市、贵州铜仁的部分区县、湖南怀化全境、湘西土家族苗族自治州全境以及常德市部分区县。

黔东南州地处沅江上游，位于云贵高原的东南边缘斜坡地带，气候温和、雨量充沛。沅江上游干流清水江流经的区域，海拔多在 500～1000 米，雨热同期，有利于杉、松、楠、樟等木植的长成，这片区域内很多区县被称为"杉木之乡"。沅江上游支流潕水所流经的区域，位于黔东南州北部地区的岑巩、镇远等县，地形相对平坦，沿着潕水两岸形成了狭长而又平坦的山间峡谷盆地地带，元代以后，由中原通往西南地区的驿道改经这一区域。在沅江上游另一主要支流流经的锦江流域，对应的行政区划是铜仁地区，地处武陵山脉主峰梵净山和湘西台地的过渡区域，梵净山是武陵山区最高的主峰，形成了独特的地质构造，低山峡谷丘陵结构，层状地貌明显，还沿着锦江形成了较为狭长的河谷地带，主要范围为江口、碧江区等地。从气候条件来看，铜仁位于东亚季风区域内，属于亚热带季风性湿润气候，全年气候温

7

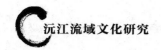

和、日照条件充足。

怀化境内有沅江流域的上游以及中游，境内自然地理环境复杂多样。沅江上游流经的新晃、芷江、鹤城、中方以及洪江市等处，地形地貌大致与贵州黔东南州北部的镇远、岑巩等县相似，地形较为平坦，平均海拔在 200～300 米，这一区域最高的山为芷江的明山，由于潕水长期的冲刷，这一区域形成了较为平坦的盆地地段。从地貌地势来看，怀化境内沅江上游区域的主要地理特征可以概括为"山势东高西低，中部脊状凸起，地貌类型多样"。①怀化西南部通道侗族自治县、靖州苗族侗族自治县是操侗语南部方言的侗族聚居区域，沅江的主要支流巫水、渠水流经此地，日照充足，雨量充沛，十分适宜木植生长，为数不多的坝子镶嵌在连绵的山地中。

自洪江以下至沅陵的这一区域，沅江进入峡谷遍布的中游地带，这一区域，地貌构造复杂，水流湍急，山高坡陡，山脉沿着沅江两岸分布。民歌《沅水谣》这样唱道："三脑九洞十八滩，滩滩都似鬼门关，纤夫命薄多辛苦，只盼老天保平安"②，歌谣中的记载，重现了当年沅江中游地段的湍急景象。沿着沅江顺流而下，狭长的悬崖河谷地带逐渐消失，进入较为平坦的浦市境内，至此沅江河面变得宽阔，最宽处能够达到数百米，到达沅陵以后，就到了沅江中游的分界线。

从沅陵回溯武水而西，就进入了当年沈从文先生笔下的那个湘西世界。沅江流域湘西境内的主要支流有酉水、武水等河流。湘西地处云贵高原的东侧，整体地理地形特征是西北高、东南低。西边是地势

---

① 湖南省怀化市志编纂委员会编《怀化市志》，生活·读书·新知三联书店，1994，第69页。
② 洪江市志编纂委员会编《洪江市志》，生活·读书·新知三联书店，1994，第216页。

较高的腊尔山台地，海拔多在 800～1000 米，北边靠近张家界，山脉众多，呈现群山环绕之势。

从沅陵以下，沅江就进入了下游地段。沅江的落差开始不断缩小，河流变得越发平缓，但其间仍然有一段十分凶险的区域，即以清浪滩为中心的区间地段，这一区域，大多山高水险，滩险难上。生活于嘉庆、道光年间的湖南宿儒黄本骥在乘船经过沅江下游这一片区域时，有诗文感慨这一区域的险恶。诗曰："弱缆牵船上急滩，浪花如雪打篷寒；鸿毛性命蝇头利，到此才知涉世难"①。这一区域内，清浪滩最为险要。清浪滩全长 20 公里，为沅江全程最凶险、最狭长的一大名滩，清浪滩被世人称为湖南"四水"第一滩。对于清浪滩的凶险，当地民谣这样传唱道："走进瓮子洞，钻进炸刺蓬，到了清浪滩，进了鬼门关。"沈从文先生笔下，对清浪滩的凶险做了十分翔实的记载："水滩水连天，以青浪滩最长，石头最多，水流最猛。顺流而下时，不过二十分钟可完事，上行船却得一整天。"②而在民国年间由徐世昌主编的《晚晴簃诗汇》卷一百三十六中由云南蒙自人陆应毂③所撰的《清浪滩》一诗中，亦能看到其凶险。诗曰："下船泊滩头，上船泊滩尾。老鸦绕滩啼，行人命在水。水声怒作伏狮吼，霹雳横飞蛟龙走。罗刹屹立骄向人，巨舟失势吞入口。篙师持篙与水争，白雨珠跳不住手。一叶随波清见底，纵横出没四十里。飞鸢跕跕白日愁，君独何为至于此。"④过清浪滩以后，沅江进入平缓的下游地区，经桃源而进入常德，地势平坦，这片平原，是中国著名的"鱼米之乡"。

---

① 〔清〕黄本骥：《黄本骥集（1）》，岳麓书社，2009，第 29 页。
② 屡见于沈从文先生的《湘西散记》《长河》等文集中，但如今随着五强溪水电站的修建，清浪滩已经消失在历史的长河之中。
③ 陆应毂，字稼堂，蒙自人。道光壬辰进士，改庶吉士，历官顺天府尹。有《抱真书屋诗钞》。
④ 徐世昌：《晚晴簃诗汇》（第 3 册），中国书店，1988，第 592 页。

从沅江的发源地到上游诸多区县以及中游怀化境内，直至下游的常德境内，沅江流域的地理地势特征呈现由第二阶梯向第三阶梯的过渡景象，上游海拔偏高，且均为山谷、丘陵地形，越往下，海拔逐渐降低，地势逐渐平坦，最终过渡成为西洞庭平原的地理表征。从气候条件来看，沅江流域均处于温湿多雨、日照充足的亚热带季风气候区，适宜作物的生长。

（二）沅江干流、支流及流经区域

沅江流域因水而兴，众多河流共同构筑了庞大的水系。沅江流域的干流是沅江，上游名为清水江，主要支流有渠水、潕水、辰水、溆水、酉水、巫水、武水等河流（见表1-1）。

表1-1  沅江主要水系信息一览

| 河流名称 | 发源地 | 流经区域 | 河流长度与流域面积 | 汇入沅江的具体位置 |
|---|---|---|---|---|
| 清水江 | 贵州省贵定县昌明镇高坡村 | 贵州都匀、丹寨、麻江、凯里、剑河、锦屏、天柱、湖南洪江 | 长459公里,流域面积17145平方公里 | 至湖南洪江市托口镇始称沅江 |
| 渠水 | 源出苗岭之东端,其源有二,一为六冲河,源于贵州黎平西南山;一为石牛溪,源于城步西境乌鸡山 | 贵州黎平,湖南城步、通道、靖州、会同、洪江 | 长227公里,流域面积6015平方公里 | 至洪江西南境,托口之西北,注入沅江 |
| 潕水 | 出贵州瓮安东搭耳山之南 | 贵州瓮安、施秉、黄平、玉屏,湖南新晃、芷江、鹤城区、中方县、洪江市 | 长430公里,流域面积10366平方公里 | 至洪江市西南境,注入沅江 |
| 巫水 | 源出城步东北之巫山,上源竹舟江 | 湖南城步、绥宁、会同、洪江区 | 长166公里,流域面积4725平方公里 | 至洪江区东北,注入沅江 |
| 辰水 | 上源有二,源出贵州印江东南,即梵净山南麓。东为社土河,西为缠溪 | 贵州印江、江口、碧江区,湖南麻阳、辰溪 | 长234公里,流域面积6384平方公里 | 至辰溪县城西南,注入沅江 |

| 河流名称 | 发源地 | 流经区域 | 河流长度与流域面积 | 汇入沅江的具体位置 |
|---|---|---|---|---|
| 武水 | 其出二源,南为沱江、北为巫水,源于湘西腊尔山 | 湖南花垣、凤凰、吉首、保靖、沅陵 | 长178公里,流域面积3912平方公里 | 至沅陵县城西,注入沅江 |
| 酉水 | 有南北二源,北源又称北河,是为主流,源出湖北宣恩县西源山;南源通称秀山河,源出贵州省松桃县山羊溪 | 湖北宣恩、来凤,湖南龙山、重庆酉阳、秀山,湖南保靖、永顺、古丈、沅陵 | 长424公里,流域面积18925平方公里 | 至沅陵,注入沅江 |
| 溆水 | 上游称二都河,其源有二,一出溆浦县架枧田,一出梁山,至祖下坪两源相合,横贯溆浦 | 湖南溆浦 | 长143公里,流域面积3290平方公里 | 至溆浦县大江口镇注入沅江 |

　　资料来源:本表依据《湖南地理志》、《贵州省志·地理志》、《湖南省志·地理志》以及《明清时期沅水流域经济开发与社会变迁》等论著中的记载编制而成。

　　沅江最著名的支流是"五溪"。"五溪"这一名称,最早见于两汉交替时期的一些典籍,如《后汉书·来歙传》《后汉书·马援传》《后汉书·南蛮传》《后汉书·郡国志》等古籍。《后汉书·来歙传》云:"及嚣亡后,五溪、先零诸种数为寇掠,皆营堑自守,州郡不能讨。"① 这些典籍,虽提及"五溪",对于"五溪"的具体内容却没有涉及。直到郦道元《水经注》出,才有关于"五溪"的具体记载,即所谓:"武陵有五溪,谓雄溪、樠溪、无溪、酉溪,辰溪其一焉。夹溪悉是蛮左所居,故谓此蛮'五溪蛮'也。"② 此后,《宋书·夷蛮》、《南史·夷貊下·蛮》以及《乾隆湖南通志》等书均有记载。

---

① 〔南朝宋〕范晔、〔晋〕司马彪:《后汉书(上)》,岳麓书社,2008,第212页。
② 〔北魏〕郦道元:《水经注》,王先谦合校,巴蜀书社,1985,第572页。

但是，在唐代以前，"五溪"除了在排列顺序上略有不同，个别字有所变化之外，表述基本上应该是一致的。如唐初李延寿的《南史·夷貊下·蛮》传云："居武陵者有雄溪、樠溪、辰溪、酉溪、武溪，谓之五溪蛮。"① 此条与郦道元《水经注》中关于五溪的记载相差为一"武"字，仍应看作同音字的异体。据乾隆《湖南通志》记载，《渠阳边防考》："湖北上游有五溪，《水经注》以为'雄溪、樠溪、酉溪、潕溪、辰溪'是也，土俗雄作熊，樠作朗，潕作武。今考诸地志杂书，盖其源，有出于酉阳石堤蛮界，流经辰州府城西为北江者，名酉溪；有出于铜仁蛮界，流经麻阳县城南为锦江者，名辰溪；有从湖南界城步县巫水出，流经关峡而下为若水、洪江者，名雄溪；有出自镇远界流经沅州城西而下为盈口竹寨江者，名潕溪；有出于靖西南黎平府，流为亮寨江者，名樠溪。此五溪也，俱各下入于沅，大抵沅为五溪正派。首先受樠，次受潕，次受雄，又次受辰，最后受酉，而通称之曰沅。世传春秋时楚子灭巴，巴子兄弟五人流入五溪，各为一溪之长。"② 而唐代中后期，关于"五溪"的表述则有所不同。如唐代全国地理总志《十道志》（又名《十道四蕃志》）中记载："楚子灭巴，巴子兄弟五人流入黔中。汉有天下，名曰酉、辰、巫、武、沅等五溪，为一溪之长，故号五溪。"③《通典》载五溪蛮："一辰溪，二酉溪，三巫溪，四武溪，五沅溪。"④ 李白听闻著名诗人王昌龄谪贬龙标，赋有《闻王昌龄左迁龙标遥有此寄》一诗："杨花落尽子规啼，闻道龙标过五溪。我寄愁心与明月，随君直到夜郎西。"南宋诗论家杨齐贤注

① 〔唐〕李延寿：《南史》卷七十九，岳麓书社，1998，第1378页。
② 乾隆《湖南通志（四）》，载《中国地方志集成：省志辑·湖南》，凤凰出版社，2010，第709~710页。
③ 〔宋〕李昉撰《太平御览》第二卷，王晓天、钟隆林校点，河北教育出版社，1994，第629页。
④ 〔唐〕杜佑：《通典》卷一百八十七，岳麓书社，1995，第2630页。

曰："武陵有五溪,曰雄溪、蒲溪、酉溪、沅溪、辰溪。"①《文献通考·
舆地》黔州下注:"五溪,谓酉、辰、巫、武、陵等五溪也。"《文献通
考·四裔考》云:"一辰溪,二酉溪,三巫溪,四武溪,五沅溪。"《明一
统志》云:"五溪应为酉溪、辰溪、巫溪、武溪、漵溪。"②

尽管历朝各代关于"五溪"的表述略有差异,但是,一般认为,
"五溪"指的就是沅江中上游地区,以湖南省怀化市为中心,包括湘、
鄂、渝、黔四省(市)的周边地区与沅江密切相关的五条水道及其流
域,即今之巫水(雄溪、熊溪)、渠水(橫溪、朗溪)、酉水(酉
溪)、㵲水(无溪)、辰水(辰溪)。"是被武陵、雪峰两大山系阻隔
而形成的相对独立的自然地带。"这是沅江文化长廊地理空间范围中
的重要组成部分。

除了以上支流以外,还有一些重要支流古人也曾经提及,亦可纳
入沅江文化长廊的地理空间中来。如漵水,古称序水,也称双龙江,
源出溆浦县南金子山架枧田,总长 143 公里,为溆浦县最大的河流。
上游为龙潭河。漵水流经黄茅园、龙潭、葛竹坪、镇芹江、北斗溪、
九溪江、两丫坪、统溪河,水东至车斗、广福桥,分别接三、四都
河,再西折至江口镇的犁头嘴注入沅江。上述水系虽然长短不一,流
经地势亦不尽相同,却最终构筑成横跨湘、黔边数省的水域。

## 二 沅江文化走廊的范围及历史脉络

沅江流域不仅是一个自然存在,更是一个独特而丰富的文化宝
库。在千百年的历史发展过程中,沅江两岸因为得天独厚的生存条

---

① 罗竹风主编《汉语大词典》第 1 卷,汉语大词典出版社,2001,第 384 页。
② 五溪,在泸溪县西武山。

件，自古以来就是人类生存繁衍的重要场所、人类文明的发源地。同时，在以水运交通为主的时代，它还承载着中原地区联系贯通大西南的交通功能，是南来北往各类人群迁徙流转往来的重要通道。人类的活动以及其他诸多因素的作用使沅江流域突破了自然存在的范畴，从而使之成为一条罕见的文化沉积带、一个名副其实的文化走廊。沅江文化是以沅江为文化标识形成的区域性地方文化，具有历史悠久、人文气息浓厚、多元文化特征显著等特点。

（一）沅江流域地理历史变迁

早在上古时期，沅江流域就涌现诸多新旧石器时代遗址。洪江市岔头乡所发掘的高庙文化遗址，出土了众多精美的文物。高庙遗址的发掘，证明了早在先秦时期，沅江流域就是我国境内远古先人们的居住区。

战国时期，楚、秦两国先后在此设立黔中郡，管辖包括沅江流域在内的广大地区。《史记·秦本纪》记载："楚自汉中，南有巴、黔中。"而《史记·苏秦列传》亦载："楚黔中郡，其故城在辰州西二十里。"① 明代以后，今日沅江流域的行政区划大致成形（见表1-2和表1-3）。

表1-2　元末及明代沅江流域行政区划一览

| 府、州、司名 | 设立时间 | 统辖区域 | 资料来源 | 备注 |
|---|---|---|---|---|
| 常德府 | 太祖甲辰年（1364年） | 县四:武陵、桃源、龙阳、沅江 | 《明史》《明一统志》 | 辖今湖南常德、汉寿、桃源、沅江等地 |
| 永顺等处军民宣慰使司 | 洪武五年（1372年） | 领州三,曰南渭,曰施溶,曰上黔;长官司六,曰腊惹洞,曰麦着黄洞,曰驴迟洞,曰施溶溪,曰白崖洞,曰田家洞 | 《明史·湖广土司列传》 | |

---

① 转引自伍新福《论评与考辨:史学研究文集》，岳麓书社，2013，第580页。

续表

| 府、州、司名 | 设立时间 | 统辖区域 | 资料来源 | 备注 |
|---|---|---|---|---|
| 辰州府 | 太祖甲辰年（1364 年） | 领州一，县六，即沅州，黔阳县、麻阳县、沅陵县、卢溪县、辰溪县、溆浦县 | 《明史·志第二十·地理五》 | 辖今怀化、吉首、沅陵、泸溪、辰溪、溆浦、麻阳、芷江、新晃等地 |
| 靖州直隶州 | 洪武三年（1370 年）升靖州为府，洪武九年（1376年）复改靖州 | 辖会同、通道、绥宁、天柱守御千户所 | 《明史·志第二十·地理五》 | 辖今湖南靖州、通道、会同、绥宁及贵州天柱 |
| 铜仁府 | 永乐十一年（1413 年）置 | 属县一，长官司五，即铜仁县附郭，省溪、提溪、大万山、乌罗、平头著可 | 《读史方舆纪要》卷一百二十 | 辖今贵州铜仁市、江口及万山特区北部地 |
| 镇远府 | 永乐十一年（1413 年）置 | 属县二，长官司二。即镇远县附郭，施秉县；偏桥、邛水十五洞 | 《明史》卷三一六，列传二四〇 | 辖今贵州镇远、施秉、黄平、三穗等县 |
| 黎平府 | 明永乐十一年（1413 年）置 | 属县一，长官司十三。即永从，潭溪、八舟、洪州泊里、曹滴洞、古州、西山阳洞、湖耳、亮寨、欧阳、新化、中林验洞、赤溪湳洞、龙里。潭溪以下，俱蛮夷长官司 | 《读史方舆纪要》卷一百二十·贵州一 | 辖境屡有变动，宣德以后相当于今贵州清水江以南、榕江县以东地区 |

表 1-3　清代沅江流域行政区划一览

| 府、州、厅名 | 设立时间 | 统辖区域 | 资料来源 | 备注 |
|---|---|---|---|---|
| 常德府 | 康熙三年（1664 年）来属 | 领县四，武陵、龙阳、桃源、沅江 | 《清史稿·志四十三·地理五·湖南》 | 辖境相当今湖南常德、汉寿、桃源、沅江等地 |
| 永顺府 | 雍正七年（1729 年）升为府 | 领县四，永顺、保靖、桑植、龙山 | 《清史稿·志四十三·地理五·湖南》 | 辖今永顺、龙山、保靖、桑植、古丈等县 |
| 辰州府 | 康熙三年（1664 年）来属 | 领县四，沅陵、泸溪、辰溪、溆浦 | 《清史稿·志四十三·地理五·湖南》 | 嘉庆后辖境缩小，仅有今沅陵、泸溪、辰溪、溆浦等地 |

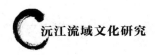 

续表

| 府、州名 | 设立时间 | 统辖区域 | 资料来源 | 备注 |
|---|---|---|---|---|
| 沅州府 | 乾隆元年（1736年）又升为府 | 领县三，芷江、麻阳、黔阳 | 《清史稿·志四十三·地理五·湖南》 | 辖境相当于今湖南省怀化、芷江、洪江、麻阳、等地 |
| 靖州直隶州 | 康熙三年（1664年）来属 | 领县三，会同、绥宁、通道 | 《清史稿·志四十三·地理五·湖南》 | 辖今靖州苗族侗族自治县、会同、通道侗族自治县、绥宁等县 |
| 乾州直隶厅 | 嘉庆元年（1796年）升 | 无 | 《清史稿·志四十三·地理五·湖南》 | 辖今吉首市 |
| 凤凰直隶厅 | 嘉庆元年（1796年）升 | 无 | 《清史稿·志四十三·地理五·湖南》 | 辖今湖南凤凰县 |
| 永绥直隶厅 | 嘉庆元年（1796年）升 | 无 | 《清史稿·志四十三·地理五·湖南》 | 辖今花垣县 |
| 晃州直隶厅 | 嘉庆二十二年（1817年）置 | 无 | 《清史稿·志四十三·地理五·湖南》 | 辖今新晃侗族自治县 |
| 铜仁府 | 顺治初 | 领县一，铜仁县 | 《清史稿·志五十·地理二十二·贵州》 | |
| 镇远府 | 顺治初 | 领厅二、州一、县三 | 《清史稿·志五十·地理二十二·贵州》 | 辖境相当于今贵州镇远、施秉、黄平、三穗等地 |
| 思州府 | 顺治初 | 领县二，玉屏、清溪 | 《清史稿·志五十·地理二十二·贵州》 | 辖今贵州岑巩、玉屏及铜仁县东南部地 |
| 黎平府 | 顺治初 | 领厅二、县二 | 《清史稿·志五十·地理二十二·贵州》 | 辖今贵州黔东南州东南部等县 |

（二）沅江文化走廊形成的历史脉络

20世纪80年代，四川和云南两省的学者将中国西南陆上通往境外的古代商道命名为南方丝绸之路①。这一概念提出以后，迅速在学界引起巨大的反响。近年来，学界围绕着西南通往东南亚的古代交通道路做了诸多研究，并取得了相应的成果。贵州大学民族学学者杨志强等结合国家"一带一路"倡议提出了"苗疆走廊"这一概念，并指出明清以来，在中国的西南地区，存在一条由湖南常德为起点，沿着沅江而上，途经怀化、芷江，贵州镇远、贵阳、普安，最终到达云南昆明，并连接通往缅甸的西南国际性大通道。从历史文献的角度出发，我们可以发现，杨志强等一批学者所提出的这条沟通东南亚的"苗疆走廊"的确是存在的。至少从唐宋起，沅江流域就一直作为沟通中原与西南并连接东南亚的重要通道。

唐宋时期开始，这条从沅江流域出发沟通西南乃至东南亚的交通要道就已经存在了。对于这条道路的走向，著名唐史学家严耕望先生对其有过专门的考证。严耕望先生有言，唐代时期，"南诏通唐有五道……其四为牂柯、黔中道。由今昆明向东微经曲靖、贵阳，至涪陵……其一，东行度入沅江流域，下行至辰州（今沅陵），惟盖少少通行"。② 他在《黔州东通辰州道》中写道："黔中观察所管实兼乌江及沅江两流域，中间隔一高岭……然仍有东西相通。唐代志书称牂柯东至辰州二千四百里，前文谓牂柯黔中道东段分歧度入沅江水域者，即逾岭而东至辰州也。此度岭之道且有两线。其一由思州南境之思王县东南陆行度入辰水河谷（今有辰水、锦水、麻阳江三名）二百里至

---

① 龙建民、唐楚臣：《南方丝绸路与西南文化》，《云南社会科学》1988 年第 5 期。学界提出"南方丝绸之路"的原因，大抵发源于西汉时期张骞在大夏见到了来自巴蜀之地的布匹。关于这一事件，《史记·大宛列传》记载："骞曰：'臣在大夏时，见邛竹杖、蜀布。问曰：安得此'？大夏国人曰：'吾贾人往市之身毒'。身毒在大夏东南可数千里，其俗土著，大与大夏同。"
② 严耕望撰《唐代交通图考》第四卷《山剑滇黔区》，上海古籍出版社，2007，第 1285 ~ 1286 页。

常豐县（今铜仁），又循辰水东行水程二百里至锦州治所卢阳县（今麻阳西三十里）。又东北水程经麻阳（今县东）、辰溪（今县）、泸溪（今泸溪西南）三县，凡三百六十八里至辰州治所沅陵县（今县）"①。"另一路自牂牁充州（约今余庆）向东度入沅水上游无水河谷（今潕水、巫水），水陆兼程七百里，中经梓薑县（约今镇远），至业州治所夜郎县（今晃县），天宝元年更县名峨山，大历五年更州名奖州。又由费州东行水路相兼五百七十里亦至奖州。奖州沿流盖一百二十里至巫州治所龙标县（约今芷江），大历五年改名叙州。又东北沿流五百三十八里或陆程三百二十里至辰州治所沅陵县（今县）……至明代极力经营贵州，始定此路为通云南之主道，置驿亭。其行程自云南治城，东经板桥、杨林、易龙（今易隆）、马龙、南宁、白水、平夷、亦资孔、普安、新兴、安南、关岭、安庄（今镇宁）、普定（今安顺）、平坝、威清（今清镇）、贵州治城、龙里、新添（今贵定）、平越、清平、兴隆（今黄平）、偏桥（今施秉东）、镇远、清浪（今清溪）、平溪（今玉屏）、晃州，至沅州（今芷江），凡一千八百九十里。盖大体遵行唐代故道耳"②。

严耕望先生的考证，基本上还原了从昆明至沅州这条故道的走向，但通过其研究结论我们亦能够发现，在唐宋时期，这条故道在西南通往中原的道路之间，并不是最主要的干道，这一时期人们还是普遍从云南北上四川，到达中原。进入元代以后，这种局面得到改观。这一时期，原先由云南经乌蒙北上四川抵达中原的道路损坏严重，至元二十九年（1292 年），元王朝开通了湖广通滇大道，其路线从云南

① 严耕望撰《唐代交通图考》第四卷《山剑滇黔区》，上海古籍出版社，2007，第 1293 ~ 1296 页。
② 严耕望撰《唐代交通图考》第四卷《山剑滇黔区》，上海古籍出版社，2007，第 1293 ~ 1296 页。

进入贵州普安境内以后，从普安先后途经毛口、普定、饭笼（后改为天龙驿）、威清、贵州、龙里、新添、麻峡等驿，从镇远到常德，途经晃州、便水、沅州、罗旧、卢阳、寺前、山塘、辰溪、马底、辰州、官庄、桃源、高都等驿，最终抵达常德。进入明清以后，这条道路成为沟通中原与西南的必经之道。明清以来，无数前往西南任职的官宦以及经商的人都行走在这条古道上。而地处东南亚的诸多藩属国，在例行朝贡的时候，也是由本国出发，进入云南，然后沿着这条道路前往京师。关于缅甸、暹罗等藩属国来京朝贡的事迹，清代以来的诸多文献都有着明确的记载，这些史料呈现这条古道是可以一直连接到东南亚的。

嘉庆二十四年（1819 年）六月十九日林则徐赴云南主持乡试，在湖南马鞍塘遇到缅甸贡象过此。其当日在日记中记载："平明过马鞍塘，遇缅甸贡象过此。"[①]《贵州通志》亦载："光绪二年，缅甸贡使……自京师归国，于二月二十三日由湖南晃州进入贵州玉屏县境……行抵省城……于二十日出普安厅至云南平彝县交替。"[②] 而如今耸立于镇远古城上的祝圣桥上，还有着一对光绪四年（1878 年）由镇远知府汪炳熬为祝圣桥题写的记载缅人贡象的对联，内容为："扫尽五溪烟，汉使浮槎撑斗出，劈开重驿路，缅人骑象过桥来。"

如今，往昔沟通中原与西南的这条交通古道早已经不再使用，具有现代化气息的沪昆高速公路及沪昆高铁沿着古道走向，从沅江流域进入贵州，抵达昆明。无论是往昔的湖广通滇大道，还是今日直达昆明的沪昆高铁，沅江流域交通路线一直都是沟通着西南乃至东亚的交通要道。

---

① 政协镇远县文史资料研究委员会编《镇远文史资料》第 3 辑，1989，第 52 页。
② 政协镇远县文史资料研究委员会编《镇远文史资料》第 3 辑，1989，第 52 页。

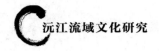

### 三 沅江文化与湖湘文化

湖湘文化囊括了上古以来，盛行于湖湘大地上的诸多文化，作为湖南西部沅江流域所形成的沅江文化，可以说是湖湘文化的重要组成部分。

#### （一）沅江文化的特殊性

从沅江流域所处的区域地理位置来看，由于雪峰山脉以及武陵山脉的阻隔，沅江流域与湖南省其他地理区域，有着截然不同的地理地貌特征。在这样的情况下，沅江流域的地理表征，与湘北平原、湘中山地、湘东丘陵地带以及湘南五岭之地截然不同。在满是山地、峡谷等的沅江流域，所形成的沅江文化主要是依托沅江而形成的一种以水域为主所发展起来的商业文化、码头文化、古驿道文化以及因水而兴的杨公信仰文化等，这就是沅江文化所具有特殊性的第一个地方。

从沅江文化所包含的内容来看，沅江文化中所包含的古楚国的巫文化更重。历史上，作为湖南省西部边陲地区，由于地理环境的阻隔，这一区域内的人们较少地与湘北洞庭湖平原的湖湘文化主流区域进行交流，而是一直在这片热土上进行自我衍生。在这样的环境下，古楚之地所遗留的巫傩文化等，在沅江流域得到了很好的保存，如国内外都较为知名的辰州傩戏、苗族祭祀的巴代文化以及土家族祭祀时候的梯玛文化等，如今都是沅江文化体系的一个重要组成部分，其中有些文化，现在甚至已经成为沅江流域重要的国家级非物质文化遗产项目。

从空间资源环境结构来看，沅江文化所在的沅江流域远离当代湖南中心城市长株潭城市群，而形成了自己独具特色的空间资源环境。

由于地处云贵高原向湘西丘陵的过渡地带，沅江流域拥有着与湖湘境内不一样的物质资源，在沅江流域，拥有着与贵州东南部等地相同的物质资源，这其中最为知名的就是桐油、茶油以及杉木等地方特色资源。就杉木资源而言，明清以来，沅江流域材质较好又十分知名的四大杉类主要有产自沅江上游贵州清水江的苗木、产自渠水流域的广木以及产自绥宁、城步、靖州等湘西南境内的州木等。这些沅江流域特有的杉木，在沅江流域以外的地区是不存在的，而沅江流域亦是依靠这一特色资源，形成了明清以来极具特色的木商文化，这亦成为沅江文化体系的一个重要组成部分。就沅江流域另一重要的物质资源——桐油而言，清代以来，桐树在沅江流域的广大区域得以种植，而其果实所产生的桐油，由于用途的多样性，最终促使沅江流域的洪江成为一座因桐油等而兴起的商业重镇，而因桐油所形成的商业文化等，亦成为沅江文化的一个重要组成部分。

（二）沅江文化融入湖湘文化

沅江流域尽管因为地理、历史、人口等因素有其特殊性，形成了别具一格的地域文化，但是沅江作为湖南"四水"之一，是洞庭湖水系的重要组成部分，沅江流域与湖南其他各地长期交往交流交融，沅江文化成为湖湘文化中不可分割的一部分。沅江文化与湖湘文化的融合，体现在以下几个方面。

第一，地域交叉形成的文化融合。沅江流域与湖南澧水流域、资水流域、湘水流域在地理上有接壤，尤其是和澧水流域、资水流域往来密切。沅江流域的主要地区中，张家界和常德同属沅澧流域，邵阳则是沅资湘流域共同孕育的明珠。地理的天然相通，使流域的边界在文化上没有明显的区分，许多文化要素是共享的。沅澧地区由于是由蜀入西南的水陆联程通道，历史上交流互动更频繁，常常沅澧并称，屈原在《楚辞·九歌·湘夫人》中赞："沅有芷兮澧有兰。"沅芷澧兰由此成为一个成语，用以比喻高洁的人或事物。雪峰山东麓北段有上、下梅山，左近沅江，右邻湘江，囊括了资江中下游，以梅山为地理核心区域形成的梅山文化对大西南广大少数民族影响深远。梅山是一个多民族的生息地，上古时期，九黎、三苗的各个族群在这里共同生产生活，被视为当今中南、西南苗、瑶族先祖的居住地和发祥地。湖湘文化中既有以屈原为代表的南楚文化，又有从洞庭湖南下的中原儒家文化，更有各个世居民族个性鲜明的民族文化，中原文化与荆楚文化、北方汉族与南方少数民族文化的结合，就构成了湖湘文化独特的"不怕死""吃得苦""耐得烦""霸得蛮"的风格。这就是湖湘文化"风气自创，能别于中原人物以自立"的重要原因之一。

第二，哲学思想形成的文化融合。屈原是第一位有史料记载流放到湖南的政治家、思想家、文学家，他的足迹到达了沅江、澧水和汨罗江，各地均留下了大量与屈原相关的民间传说、民俗传统和风景名胜，但最重要的还是屈原爱国忧民的思想文化遗产。从汉开始，大批文人学者流寓沅江，如唐代的王昌龄、宋代魏了翁等人，他们勤政爱民并著书立说，开设书院将中原文化传入湖湘地区。唐代儒学衰微而佛教兴盛。禅宗在湖南尤其是常德地区的发展对湖湘哲学起到了重要促进作用。近代史上湖南人才辈出，虽然他们的政治立场可能很不相同，其讲理想、重经世的学术文化风格却是一致的。以哲学作为引领，湖湘大地上的文学、史学、教育学、艺术学等人文科学乃至自然科学，都呈现"经世致用""知行合一""学以致用"的特点。

第三，政治军事形成的文化融合。一般认为，春秋战国时期，楚国先后把沅澧、资水、湘水流域一一归入版图，战国中期，随着楚国在湖南全境政权的确立，楚文化取代了越文化，越文化成为湖南文化的底色。秦代在湖南设立黔中、长沙两郡，大体上以雪峰山为分野，沅澧和湘资两大文化板块在地理的阻隔和行政的区划中自身特色日益鲜明，但依然是一个整体。唐广德二年（764年）在衡州置湖南观察使，从此中国行政区划史上有了"湖南"之名。行政上同属一体，军事上相互支撑，钟相、杨幺起义的洞庭湖畔湖湘儿女不屈的呐喊，洞庭湖区遍布的杨泗将军庙，表达的就是百姓对义军保境安民、抗击流寇的敬意。乾嘉苗民起义席卷了湘西、黔东北甚至川东南一带，清政府动员了七省的兵力近八九万人，耗费白银95万多两，损失110多位将官。湖南在近代发生许多重要的历史事件，湘湖大地各族儿女共赴国难，湘军东南抗倭、西北平叛，来自凤凰的竿军有了"无湘不成军，无竿不成湘"的美名。

第四，商业交往形成的文化融合。沅江是长江水系的主要航道，是连接西南经济圈和长江中下游经济圈的重要纽带。尤其是资本主义萌芽以后，明清以来，沅江流域沿岸出现了众多商贸城镇，这些城镇自成体系，形成了独具特色的水运商业文化。如湘西的药市和牛马市场，洪江、常德和津市的木材市场和桐油市场等。但是由于传统重农抑商的思想，在湖南从事商业活动的巨贾多为外省商人。江西、山西、陕西、广东、安徽、江浙一带商人在湖南市场上相当活跃，随着商业和贸易的往来，人们形成了不同的思维方式、价值取向以及生活习俗。洪江古商城历史上是滇黔与沪汉之间水运的必经之地，西南山区的木材、桐油、药材、山货由洪江经水路外销，从沿海运回的食盐、布匹、百货则由此散往湘、黔、鄂、桂、滇边远山区。清中晚期，洪江古商城工商各业兴起，各地商人纷至沓来。不同地域的商人带来不同的文化，各种外来文化相互碰撞融合，并与本土文化相对接。古商城各地会馆在建筑风格上都是在因袭原乡建筑风格的基础上与本土特色相结合的，如徽派风格和沅湘特色结合，形成了古商城窨子屋群落。古商城的娱乐生活也是各地杂糅，各地会馆戏台上演出的舞台剧种包括辰河高腔、常德汉戏、祁剧、阳戏、京戏等。洪江话在多种语言的混用、互借中，更接近于市井商贸中易懂而常用的湖北江汉地区的口音。①

沅江文化，是一种因沅江而形成的区域性文化，它在形成的过程中，受到了来自各地文化的诸多影响，但从某种程度上而言，沅江文化又有着其自身特殊性。沅江文化是自上古以来，在沅江流域不断融合发展而围绕沅江所形成的一种具有自身特殊性的区域文化，同时也是湖湘文化的组成部分。

---

① 朱明霞：《社会变迁中的传统商业会馆——洪江古商城会馆研究》，《文史博览（理论）》2014 年第 5 期。

# ‖第二章‖
# 沅江文化的三大特质

沅江文化的特质突出表现在地域性、民族性和历史时代性三个方面。不同的自然地理环境，提供了不同的物质基础，在特定区域内，人们的行为模式和思维模式不同，具有独特性，带上了深刻的地域烙印。各个民族在生存发展中，由于自然特点、活动方式、生活方式、价值观念、理想信念、政治制度等因素的不同，形成了独特的民族文化。民族文化因时代的发展而发展，具有历史时代的特征。沅江流域面积广袤，地质类型多样，自然资源丰富，沅江在高原、山地和平原间奔流，在这块富饶的土地上，各族儿女交往交流交融，在历史时代中不断继承、革新和弘扬传统文化，所创造的沅江文化是源远流长的中华文化的有机组成部分，是中华民族的宝贵财富。

## 一　沅江文化的地域性

### （一）沅江流域的自然特性

沅江自河源到怀化托口为上游，多高山峡谷；托口至怀化沅陵为中游，为丘陵地区，间有盆地；沅陵以下至常德德山为下游，以平地和冲积平原为主；德山以下属于沅江尾闾段，水网纵横。本书叙述的

"沅江流域"主要指湖南境内流域,即沅江的中、下游地区。

整个流域地处北纬 26°~30°、东经 107°~112°区间,位于东亚大陆的东南部,属于亚热带季风气候区,年均气温 14.3~17.2℃,光、热、水资源丰富。冬冷夏热,四季分明,冬季雨雪冰霜频繁,夏季温高湿重,春夏之交是阴湿多雨的梅雨天气。沅江是典型的雨洪河流,流域内年平均降雨量在 1090~1506mm,为全国多雨区之一,降水量年内分配不均,4~8 月多,12 月至次年 2 月少。① 与降水量和流量相对应,沅江年内水位变化大,最高水位一般出现在 4~6 月,此期梅雨来临,水势暴涨,洪峰迭起,易酿成水灾;最低水位出现在 11 月至次年 2 月。

湖南境内沅江流域绝大部分地区处在雪峰—武陵弧形构造带内,这个构造带为湘西华夏系、新华夏系构造与湘北的东西向构造在不同时期联合形成,主体由板溪群地层褶皱断裂组成,构造线走向自南而北,形成向北西突出的弧形构造。② 武陵山脉盘踞在湖南的西北角,是湘鄂山原的一部分,海拔在 1000 米左右,西北高耸,渐向东南低降。雪峰山脉南北延伸 300 多公里,南自城步起,北延至益阳附近,没入洞庭湖平原,地势高峻,是资水和沅江的分水岭,纵贯湖南西部,成为东西交通的屏障,但洞口、烟溪等地有较低山隘,构成东西交通的孔道。③ 雪峰山脉和武陵山脉影响了流域内的气候。在夏季,东南气流受山脉所阻而不易西进,故山脉东南坡雨水多、温度高,春夏季暴雨也较西北坡多;冬季,冷空气受山地阻挡,不易进入湘西地区,对湘西地区影响较小。④

① 长江水资源保护科学研究所:《沅江流域综合规划环境影响报告书(简本)》,2013,第 6 页。
② 高冠民、窦秀英编著《湖南自然地理》,湖南人民出版社,1981,第 19 页。
③ 高冠民、窦秀英编著《湖南自然地理》,湖南人民出版社,1981,第 25~26 页。
④ 高冠民、窦秀英编著《湖南自然地理》,湖南人民出版社,1981,第 52 页。

流域内土壤的主要类型为红壤、黄壤、紫色土、石灰土、潮沙泥土、水稻土等。典型植被为中亚热带常绿阔叶林，有国家重点保护野生植物 55 种，国家重点保护野生动物76 种。①

由于山峦错综，地形崎岖，流域内自然地理特征显得复杂多样。根据高冠民等的研究，沅江流域分为湘北洞庭湖平原区、湘西山地区、湘西北山原区三个自然地理区。

常德靠洞庭湖区属于湘北洞庭湖平原区。洞庭湖对流域内滨湖地区气候有显著的影响，湖边各地气温变化大、日照多、湿度大、风大。洞庭湖及其滨湖平原，冬季常为冷高压控制，多晴朗天气，日照多。② 地貌类型主要是湖泊、平原和阶地。土地平坦，热量丰富，水域广阔，水源充足，土层深厚，土壤自然肥力较高，发展农业生产的自然条件优越。③

湘西山地区主要包括怀化市绝大部分，以及湘西土家族苗族自治州、常德及邵阳地区的一部分。东部、南部为雪峰山地，西部与贵州高原接壤，中部是沅江河谷。地貌包括山地、红岩丘陵、峰林、石灰岩山原、灰岩低山、丘陵和岩溶平原等。山多高差大，森林面积较大，有大片的丰盛草坡；河谷和山间盆地为粮食作物的中心，耕作土壤中，旱土占有相当大的比重，由于季节降水不均匀，河谷盆地夏季干旱比较突出。

湘西北山原区包括湘西土家族苗族自治州大部分及怀化、常德地区的一部分，是云贵及鄂西高原的延伸部分，为石灰岩和砂页岩组成的山原地区。岩溶地貌分布面积最大。河流两岸是狭窄的冲积平原。

---

① 长江水资源保护科学研究所：《沅江流域综合规划环境影响报告书（简本）》，2013，第 11 页。

② 高冠民、窦秀英编著《湖南自然地理》，湖南人民出版社，1981，第 54 页。

③ 高冠民、窦秀英编著《湖南自然地理》，湖南人民出版社，1981，第 177 页。

本区为全省比较湿润的地区，土壤垂直分布明显，以黄壤为主，水稻土以黄泥田为多。①

（二）沅江流域水资源

水是地球上分布最广的一种物质，是生命之源，是万千生物赖以生存和发展的物质基础。人类的生产生活无时无刻不在与水发生联系，人类利用、治理、保护、管理水，亲近、鉴赏、品味水，对水有一系列的认识、思考以及实践，这就成了文化的一部分。

远古文明人类缘水而居，文明遗址大多沿河分布。在原始农业出现后，人类便逐渐定居下来。早期适宜人类生存的地区往往水源充足、地势平坦，利于农作物培植和生长，以农耕经济为基本形态，大河流域成为人类文明的发源地。沅江流域因水而兴、驭水而昌，沅江文明是长江文明的主要组成部分，是中华文明的主要来源之一。

沅江是长江八大支流之一，湖南的第二大河流，沅江流域面积大、支流多，纵横交错，构成了密集的水网，丰富的水资源不仅为流域内数千万人口提供了日常生活用水，更是流域社会经济发展的重要保障。沅江流域地形起伏多样，多径流、高落差，造就了沅江流域丰富的水能资源。沅江流域气候温暖湿润，光、热、水资源组合分配好，适宜发展水稻、小麦、油菜、棉花等种植业和林业、畜牧业、渔业等。沅江水系历史通航河流共65条3534公里。到20世纪末有通航河流41条2204公里。当前湖南境内的常德港、桃源港、泸溪港、辰溪港仍是地区重要港口。沅江流域人民在长期的治水、用水实践中，秉持天人合一的理念，因地制宜地修建了众多水利工程，实现了人与

---

① 高冠民、窦秀英编著《湖南自然地理》，湖南人民出版社，1981，第189页。

自然的和谐相处。

沅江自南向北贯穿怀化境内，干流境内总长为 568 公里，流域面积达 27239 平方公里，境内重要的沅江支流有酉水、辰水、溆水、潕水和渠水，古称"五溪"，水能理论蕴藏量达 500 万千瓦，现已开发 450 万千瓦，为全国十大水电基地的主体地带之一。湘西州水能资源理论蕴藏量达 218.8 万千瓦，其中可开发量 162.7 万千瓦，现已开发 151.2 万千瓦。沅江流过邵阳西南，这是全省重点林区，其中城步草山面积 9.1 万公顷，占土地面积的 35%，包括集中连片草山 6.3 万公顷，可载畜 8.7 万头。洞口县全县共有大小溪河 130 多条，注入沅江水系 9 条，多在罗溪瑶族乡境内，流域面积 249.8 平方公里，占全县总面积的 11.4%。新宁县的㧐小河属于沅江水系，发源于新宁县西南角，在县境内流域面积 6.4 平方公里。沅江在常德境内长 104 公里，流域面积 5609.2 平方公里。和沅江流域其他城市相比，常德地势较低，在雨季很容易遭受洪涝灾害，在常德的城市建设中，修建雨水泵站、改造排水口、疏通河道、增加调蓄容积、建设地下排水管网是重要的市政工程，提倡城市"水生态、水安全、水环境、水文化、水资源"建设，开启了独特的城市与水融合发展的新格局。

（三）沅江流域农耕文化

农耕与气候条件紧密相关，沅江流域光照充足、降水丰沛、高温湿润、雨热同期的气候条件十分适宜农作物生长，是孕育农耕文化的重要条件。农耕文化是人们在长期农业生产中形成的、以农业生产种植为基础的文化集合，包括政治制度、风俗礼仪、思想观念、组织管理、科学技术等。

高庙遗址位于沅江中游洪江市安江盆地西北缘，文化的存续时间距今 7800～6300 年，处于新石器时代中期后段至晚期前段。已故文化人类学家、湖南省文史馆馆员林河曾说，高庙遗址挖掘出了 60 余个"世界之最"，当时已经发明了太阳历，八卦的雏形八角星图案在高庙先民的生产生活中有广泛应用，在遗址顶部有一处大型祭祀场所，发现了两侧对称的双柱环梯建筑遗迹，据考证，它是供神灵上下天庭的"天梯"。高庙遗址 7400 年前的文化层中存在碳化稻谷粒，这是沅江流域迄今为止年代最早的稻作文化遗存，并在石器上发现了稻谷和薏米的淀粉粒。高庙遗址的稻作文化遗存年代上限稍晚于澧水流域彭头山文化遗址中的碳化稻谷，综合高庙文化的源流研究成果，足以证明高庙遗址周围地区、沅江中游一带已经形成史前稻作文化。[①]高庙遗址分布地域极广，是一种中国南方大范围群体性的文明。高庙遗址是中国农耕文化发祥地之一，由农耕而诞生的祭祀、天文、历法、建筑等知识，充分展现了农耕文化丰富的内涵，对于研究我国原始人类聚落的起源与发展、研究中华文明的起源与发展都具有十分重要的意义。

沅江流域聚族而居、精耕细作、尊重自然、循环利用的农业生产方式与今天提倡的和谐、环保、低碳的理念不谋而合，千百年来，沅江各族人民利用在农耕文化中孕育的生活方式、文化传统、组织制度、思想观念在这片土地上生存繁衍。

## 二　沅江文化的民族性

文化的民族性决定了文化所具有的个性或特色，一个民族所创造

① 舒刚斌、夏喜衡：《怀化高庙遗址发现湘西地区年代最早稻谷》，新浪网，http：//hunan. sina. com. cn/news/m/2018 - 01 - 04/detail - ifyqkarr7014892. shtml。

和享用的文化具有与其他民族文化相区别的个性和特色，并因它的长期存在而形成传统和民族精神，对该民族产生巨大影响。

（一）沅江流域民族人口分布与历史变迁

**1. 民族人口分布的基本情况**

据 2020 年第七次人口普查，湖南省主要的少数民族为土家族、苗族、侗族、瑶族、白族、回族、壮族等，共 668.52 万人，占湖南总人口的 10.06%[①]。湖南省的少数民族主要集中在湘西、湘西北和湘南等地区，其中湘西和湘西北大部分属于沅江流域。

沅江流域的汉族全境均有分布，沅江下游的常德市最为集中，汉族人口有 311 万人。土家族主要生活在第一大支流酉水流域，聚居在湘西土家族苗族自治州的永顺、龙山、保靖、古丈、吉首、泸溪、凤凰等地，其间杂居苗族、汉族等民族。苗族主要居住区有两个：一个在沅江支流酉水上游、辰水流域，以腊尔山为中心的区域，行政区划包括湘西的花垣、凤凰，怀化的麻阳；另一个在支流渠水、巫水、锦江等地，行政区划包括湘、黔两省边境区域的怀化南部以及邵阳的城步、绥宁等地。侗族居住在沅江上游及沅江支流㵲水、渠水流域，怀化是集中居住区。瑶族居住在沅江上游及沅江支流巫水、辰水流域，主要分布于怀化、邵阳等。白族主要分布在沅江中下游的沅陵一带。回族全境内均有分布，主要居住在沅江下游的常德和沅江支流巫水流经的邵阳城步。维吾尔族主要居住在沅江下游，聚居在桃源县、汉寿县、鼎城区。

**2. 民族源流及历史变迁**

通常认为，土家族的来源是多元的，以古代巴人为主源，由当地

---

① 《湖南省第七次全国人口普查主要数据情况》，湖南统计信息网，http://tjj.hunan.gov.cn/hntj/ttxw/202105/t20210519_ 19037320.html。

人和进入该地区的汉人、濮人、楚人、乌蛮等族群共同构成。巴人在夏朝时建巴国,建都湖北恩施。春秋时期巴国在与楚国的战争中失败,多次西迁。公元前 316 年秦国吞并巴国,设立巴郡。从唐至宋,中央政府对土家族地区实行羁縻政策。从元代起,封建王朝开始在土家族地区建立土司制度。元至清初,中央政府在土家族地区设立了数十个土司,沅江流域以永顺土司、保靖土司、桑植土司影响较大。自清雍正五年(1727 年)开始,清政府在土家族地区实行"改土归流",改土归流后,土家族地区实行与中原地区相同的政治体制。土家族地区,封建时期土地兼并现象严重,五代时彭士愁是五溪地区最大的封建领主。宋代出现了向恩胜、彭永诞、彭永全等大领主,地广粮多。元、明、清初时期,土司是最大的封建领主,田土山林全归土司所有。清代改土归流后,土司占有的大量肥田沃土被清政府没收,一部分留给了土司的下属土官,这些土官便成为地主。土家族自称"毕兹卡"、"密基卡"或"贝锦卡",意为"土生土长的人"。唐宋之前,居住在沅江流域的土家族与其他少数民族一起,被称为"武陵蛮"或"五溪蛮"等;唐宋时期,土家族因其居住地,被称为"溪州蛮""辰州蛮""慈利蛮""石门蛮"等;宋代以后,土家族就单独被称为"土丁"、"土人"、"土民"或"土蛮"等。明初后,大批汉人陆续迁入土家族地区,为了区别于新进入的不同族类的外来人,"土家"一词出现。

苗族族源众说纷纭,大致有"三苗说""髳人说""南蛮欢兜说""苗汉同源说""贵州夜郎说""长沙武陵蛮说"几种说法,多数人认为苗族和尧舜时期的"三苗"有着密切关系,其祖先是蚩尤,在与黄帝集团的战争中失败后迁移至江汉平原,禹征"三苗"后,逐渐向南、向西大迁徙,进入西南山区和云贵高原。秦时在此设置黔中郡,史书称他们为"黔中蛮""武陵蛮"。秦汉以后,封建王朝在大多数苗族地区建立郡县，实行羁縻政策。沅江流域的苗族先民已开始从事农业生产，掌握了用木皮织绩和以草实染色的纺染技术，出现了产品交换。唐宋年间，苗族逐步进入了阶级社会，农村公社的首领已有了土地支配权。南宋王朝开始用官职来笼络各族首领，以加强中央和地方的关系。许多土官都受到封赏，后来成为大大小小的土司。苗族地区的土司，几乎都是唐、宋时期从中原迁来的大姓豪族或者是其他民族的人。明朝于弘治十五年（1502 年）在湖南城步苗区开始实行"改土归流"，土司制度走向衰落，地主经济得到顺利发展，但湘西的腊尔山区等苗族地区，仍被封建王朝统称为"生界"。

一般认为侗族是从古代百越的一支发展而来的。沅江流域侗族地区古为《禹贡》中所记载的荆州之域，战国属楚黔中郡地，汉朝改黔中郡为武陵郡，唐代改郡为州，侗族地区均系羁縻州，封建王朝尚未直接进行统治。隋唐以后，汉族人民不断迁入，带来了先进生产工具和生产技术，生产力有所发展。唐末五代时期，封建王朝衰落，侗族中的大姓土豪自称"峒主"，分管诚、徽二州，辖十个峒，今天沅江流域的侗族聚居区靖州、会同、芷江、绥宁、通道、黎平、锦屏、天柱等地均属"十峒"范围。北宋时期，侗族的首领们先后归附封建王朝，朝廷皆封他们为刺史官职，但并未给他们刺史的权力。元朝对侗族的统治沿袭了唐宋以来的羁縻政策。明代委任流官直接管辖土司，侗族地区出现"土流并治"的统治局面。清代通过改土归流，侗族地区基本被纳入了流官的统治范围。

瑶族传说是东方"九黎"中的一支，居住在黄河下游与淮河之间的"尤人"是他们的先祖，后往中南部迁徙，居住在今天的湖北中部。到了秦汉时期，瑶族先民渡过长江，来到洞庭湖、沅江流域一带，与其他少数民族合称"武陵蛮""五溪蛮""长沙蛮"等。南北朝时期，部分瑶族被称为"莫徭"，以衡阳、零陵等郡为居住中心。隋唐时期，瑶族主要分布在今天的湖南大部分地区、广西东北部和广东北部山区，所谓"南岭无山不有瑶"。唐末五代时期，湖南资江中下游以及湘、黔之间的沅江流域，仍有较多的瑶族先民居住。宋代以后，瑶族先民不断迁徙，遍及南方六省（区），基本上形成了今天的分布局面。

白族先民由洱海周边的昆明人、河蛮人与青藏高原南下的氐人、羌人融合形成，之后又融入了部分叟人、爨人、爨人、僰人、哀牢人、滇人、汉人等多种族群和民族成分。蒙古大军征服大理后，在大理招了两万多名爨僰军，辗转攻下南宋都城临安（今杭州）。战争结束后，其中一部分爨僰军在长江流域定居，部分迁到了沅江流域沅陵一带，成为今天沅江流域白族的祖先。

隋唐时期，大批波斯人和阿拉伯人在中国经商并定居，经海路来到广州、泉州等沿海城市，经陆路来到长安、开封等地。同时期还有波斯和中亚小国的贵族和百姓，为逃避阿拉伯人的侵略，迁居中国避祸。蒙古军队西征时期，大量西域人迁入中原，吸收汉、蒙古、维吾尔等民族成分，逐渐形成了回族。明洪武年间，因征调和用兵，回族将士先后进入湖南，不少人因而就地定居落籍，成为湖南回族的主要来源。后来，随着商业和贸易的发展有一部分回族人从东南沿海通商口岸及长江下游城镇市集，溯江而上入洞庭湖，再经湘、醴、沅、资四水进入湖南腹地，形成大小不等的聚居区，尤其在常德、邵阳两地最为集中。①

维吾尔族是一个多源民族，先民丁零人、铁勒人、高车人和回纥人曾先后融合了漠北草原的和中亚的属于不同语系和人种的古代部族，在融合的过程中吸取了活动在新疆的古代东伊朗语诸部、吐火罗人、粟特人和其他突厥部族的文化，最后形成现代维吾尔族。沅江流

---

① 马亮生：《湖南回族的来源与变迁》，《宁夏社会科学》1988 年第 1 期。

域维吾尔族的祖先来自我国西北新疆。13世纪初，高昌回纥都督哈勒追随高昌回纥王，向成吉思汗投诚，被元太祖封为"折冲将军"，其子孙也因此在元代有官职。洪武初年，明太祖朱元璋起用了元朝的文武官员，令哈勒后裔、时任燕京总兵的哈勒·八十率领维吾尔人军队南征，为明王朝开疆拓土。哈勒·八十因"翦除敌对势力有功"，被朱元璋赐姓"翦"，更名"八士"，后封翦八士为荆襄都督府都督，晋封"镇南定国"将军，加太子太保衔，命其镇守辰常一带（即现在沅江中下游沅陵、辰溪、常德等地）。翦八士死后葬于常德，从此这些来自西域的维吾尔人，就定居在了常德。

（二）沅江流域民族文化的多样性

文化在不同的时代和不同的地方具有不同的表现形式，这种多样性构成了人类社会不同群体的独特性和多样化。历史上，沅江流域各民族既创造了本民族悠久的历史与文化，又与其他民族一道共同创造了流域内悠久的历史与文化，为统一多民族国家的形成和发展做出了重大贡献。

**1. 语言的多样性**

沅江流域的土家族、侗族、苗族、瑶族等民族目前是民族语和汉语并用，维吾尔族、回族、白族等民族主要使用汉语。土家语属汉藏语系藏缅语族土家语支，分为南、北两个方言，沅江流域的土家族使用北部方言，内部分为龙山、保靖两个土语区。绝大多数土家人已通用汉语，只有龙山、永顺、保靖、古丈、泸溪等地一些交通闭塞山区还使用民族语言。沅江流域苗族大部分使用湘西方言，靖州境内的苗族使用的是黔东方言。[①] 通道、靖州的大部分侗语属南部方言第一土

---

① 游俊、李汉林：《湖南少数民族史》，民族出版社，2001，第4～5页。

语区；新晃的侗语属北部方言第二土语区；靖州的滥泥冲一带的侗族语言属北部方言第三土语区。沅江流域的瑶族主要使用的民族语是勉语和布努语。沅江流域瑶族自称为"勉""优勉""标敏""标曼""澡勉"等，使用勉语的人数最多，一般住在湘西南的城步、新宁、辰溪等县。自称"唔奈""巴哼"的瑶族语言是布努语，主要分布在通道、溆浦、辰溪等县。湘西白族自称"民家"，使用的汉语方言被称作"民家腔"。回族现在已经普遍使用汉语，但在清真寺礼拜或在家庭与宗教生活中，一些老年人还使用和保存一些阿拉伯和波斯语的词汇。沅江流域的维吾尔族仅有老者尚能讲少量民族语词汇，目前主要聚居在常德桃源县枫树乡的回维村和二里岗乡的莫溪瑂村。

**2. 宗族信仰的多元性**

不同民族有自己的传统宗教信仰，即使是同一民族的成员，有的信奉本民族传统宗教，有的信奉佛教或道教，有的信奉基督教或天主教。土家地区普遍敬土王。沅江流域的土家族以彭公爵主、向大官人和田好汉为土王，逢年过节，均须祭祀。苗族传统社会信鬼神、盛行巫术，也有一些地区的苗族信仰佛教、道教、基督教、天主教。"还傩愿""吃猪""吃牛"等是苗族地区定期祭祖的习俗，"牯藏节"是苗族民间最大的祭祀活动。侗族南部方言区以女神"萨岁"为村寨最大的保护神，"萨岁"在侗语中就是"大祖母"的意思，每个村寨都有萨坛，寨内一切重要活动都要祭萨，求其指点和保佑。侗族地区还普遍信仰传说中的人类始祖姜良姜妹，部分地区以其为傩公傩母。唐末五代靖州杨再思是"飞山峒蛮"酋长，号"十峒首领"，人称"飞山太公"，杨再思团结各州的兄弟民族归顺朝廷，因治国安邦功勋卓著，被宋王朝追封为威远侯。湘、桂、黔三省交界处各族人民普建飞山庙祭祀。在有些侗族地区，飞山神已取代萨岁，成为地位最高的村寨保护神。过去，瑶族人认为万物有灵，对自然虔诚膜拜，对生产中的每一个过程，都要请师公占卦选吉日，举行祭祀。盘瑶以盘瓠为祖先，禁吃狗肉，相信盘瓠繁衍出十二姓瑶人，在十二姓瑶人迁徙的途中保佑族人，因此，他们要世代相继地在一定时间"还愿"跳盘王，歌颂始祖的功绩，并祈求始祖保佑人丁兴旺。部分瑶族人信仰梅山教，这是道教与巫教相融合形成的一种宗教。也有信仰佛教的，在家供佛念经，还有少数人信仰基督教。白族人认为万物有灵，有祖先崇拜，信奉本主。本主不是一个神，凡是在历史和传说中对白族人民有过贡献的人物，都奉为本主。本主有大二三神①、马公元帅、韦驮、杨泗、陈吉、陈亮、王占、潘大公、王灵官、黑神爷、黄生全、张奎等。白族人还普遍信佛教。沅江流域的白族与其他民族一样，巫风傩韵浓郁，白族聚居的沅陵大合坪乡七甲溪村一带，至今还保存有22处雷坛，有22名掌坛巫师。② 回族和维吾尔族都信仰伊斯兰教，信仰伊斯兰教的教徒被称为穆斯林。伊斯兰教的基本信条是笃信"安拉"，穆罕默德是"安拉"的使者。清真寺是穆斯林举行礼拜和宗教活动的场所。

**3. 饮食文化的多样性**

土家族传统的日常主食为苞谷、稻米，辅以红薯、马铃薯等。菜肴偏酸辣，尤喜欢吃黄豆做成的合渣。喜欢饮酒，自酿的酒一般用糯米和高粱制成。苗族人民的传统主食是大米，喜欢吃糯米，也有玉米、红薯、小米等杂粮。副食有各种蔬菜瓜果以及家禽家畜和鱼。普遍喜食酸辣味道，喜饮酒，有着丰富的敬酒和饮酒风俗。城步、绥宁、靖州苗族平时喜吃用糯米、花生、黄豆做的"油茶"。侗族传统主食是大米，喜食糯米，以红薯、苞谷、大麦、小麦、高粱、小米、

① 白族大二三神一般认为是最早落脚桑植的"爨僰军"谷、王、钟三姓的祖先。土家族地区也有大二三神信仰，信奉的是三位土王，生前为土司。
② 王淑贞、钟玉如：《沅陵白族民俗文化撷珍》，线装书局，2011，第194页。

洋芋为杂粮；以瓜、菜、猪、牛、鸡、鸭、鹅、鱼、虾为副食，嗜好酸味，以油茶和酒为常见饮品。瑶族传统饮食以大米、玉米、红薯为主，芋、粟、麦作为补充，常食蔬菜有冬瓜、南瓜、萝卜、白菜、芥菜、辣椒、茄子、豆角、番茄等。瑶族男子喜欢抽烟，家家都饮酒喝茶，每天都煮一锅茶以备随时饮用。大部分瑶族人忌食狗肉。白族人民喜吃酸冷、辣味。他们的主食，多为大米、玉米、小麦、红薯、马铃薯等，玉米有多种做法，是生活中不可缺少的粗食主粮。芝麻和黄豆是做菜常用的调味料。合渣豆腐是白族人喜爱的菜肴之一。用米和豆腐做成的油炸粑粑是老少都喜欢的小吃。待客忌用狗肉，一般都喜爱饮茶。以前各家都会自己酿酒，不仅有糯米酒、高粱酒、苞谷酒、红薯酒等粮食酒，还有金樱子酒、土茯苓酒等药用植物酒。回族和维吾尔族以大米、面粉为主要粮食，也食用玉米、黄豆、高粱等杂粮。长于煎、炒、烩、炸、爆、烤等各种烹调技法。肉类以牛、羊、鸡、鸭、鱼为主，但须请阿訇或寺师操刀屠宰。忌食猪、马、驴、骡和凶猛禽兽之肉，不吃自死动物肉和动物血，忌猪油，喜爱的传统饮品是茶。

**4. 服饰文化的多样性**

土家族传统衣料多为自织自纺的青蓝色土布或麻布。在土司统治时期服饰男女不分，皆头裹绣花帕、身穿绣花衣。改土归流后，男女服饰分开。女性上穿矮领右衽短衣，领口、袖口和衣襟均镶嵌三条花边，下穿裤脚镶三条花边的大筒裤。头发挽髻，戴帽或者用布缠头，喜戴银饰物。男性短上衣为对襟和无领满襟，缠腰布带，裤子肥大，裤脚大而短，多打绑腿。头包青丝帕或五六尺长的白布，脚穿草鞋或布鞋。苗族的服饰款式多样，工艺独特。

沅江流域的苗族服饰按不同地域和款式特征，分为凤凰型、花保型、吉泸型、靖州型等。老年男子穿无领斜扣大襟衣，束腰带，宽裤脚，打绑腿。中青年男子穿短而小的开胸对襟上衣。女子全身都是银饰，上身穿着斜襟右衽、圆领托肩的大襟衣，绣花围裙是高腰悬钟形，上至领扣、下平衣脚，下身着绣花或挑花宽脚裤。凤凰苗族妇女用两丈多长的花帕缠头。花垣、吉首等地妇女喜用黑帕缠头，比较短。泸溪、古丈等地妇女则喜包白色头帕，帕上绣有四对青色花蝶。侗族人民传统喜青、紫、白、蓝色服饰。男子上穿无领或矮领右衽短衣，下着长裤，裤脚短而宽，头包一丈余长的青布头巾，跣足或穿草鞋。妇女服饰，各地差异较大，可分穿裙和着裤两种类型。

历史上瑶族"好五色衣"，瑶族人民精于刺绣、挑花、编织、印染，瑶族服饰制作技艺精湛。瑶族男子一般穿蓝、黑对襟齐领布衫，束腰带，头扎青布头巾。新宁一带瑶族男子头巾长七尺至一丈，男子出门系绑腿，穿草鞋。女子上穿对襟无领布衫，下穿长裤。衣领、衣袖、裤脚均绣有各种美丽的图案，头用绣有彩色图案的青花布包成尖角形，脚也扎绑腿。溆浦的瑶族妇女，上穿粗蓝布礼褂，腰束花巾，长丈余，下穿用红、白、蓝三种布缀边的裙子，头用青布包裹，再用花布围成锥形。

白族服装尚白，男子戴白头巾，内穿白布汗衣，外套青布马褂，腰系挑花兜袋，下着青色或蓝色大脚裤，脚穿用白布缝的袜子和云头鞋。女子头戴绣花帕，戴银耳环，插银首饰，上穿白色大襟汗衣，套青黑色右襟马褂，外套绣花围裙，右衽靠肩的部位挂着竹质小针筒，用五色玻璃珠和丝线装饰，下着蓝色或青色宽裤，穿绣花鞋。

回族男子戴无檐小白帽，亦称"礼拜帽"，有的用白布包缠在头上，妇女要戴盖头，一般少女戴绿色的，已婚妇女戴黑色的，有了孙子的或上了年纪的老年妇女戴白色的。男女都喜爱穿对襟坎肩。

**5. 节日民俗的多样性**

土家族非常重视传统节日，自年始至年终，可谓月月有节。腊正月间年节（过赶年）、元宵节，二月社日、花朝节，三月寒食节、清明节，四月初八牛王节，五月端午节，六月初六向王节，七月乞巧节、女儿会、月半节，八月十五中秋节，九月初九重阳节，十月初一"寒衣节"等，都是较为重大的节日。沅江流域苗族的节庆较多，其中最富有代表性的有：赶年场、赶清明、樱桃会、跳香节、赶秋节、看龙场、三月三、四月八、六月六、七月七等。农历"三月三"这天，年轻的小伙子大姑娘成群结队地来到歌场，庆祝春耕播种的同时，以歌传情。"四月八"也称为"跳花节"，是苗族人民的祭祖节、英雄节，大伙聚集到预定的地点跳鼓舞、对山歌、上刀梯、表演刀枪箭术。湖南花垣县麻栗场至吉首市矮寨一带的苗族，每年的立秋之前都要过赶秋节，青年男女唱歌跳舞、打秋千，用这种方式来感谢神农的恩赐并寻找意中人。凤凰的端午节在五月初五前后三天，举行热闹的龙舟竞渡，现场观众在十万人次以上，参赛队伍有数十支。麻阳苗族过盘瓠龙舟节，从农历五月初一开始，直到十七方结束。沅江流域侗族的节日很多，大多是地域性的，很不一致，其中大部分地区以春节、社日、三月三、四月八、五月五、六月六、八月十五、十一月祖宗节较为隆重。此外，侗族还有接滩水、种公地、祭萨岁、坐仓楼、耶歌会、抬官人、踩歌堂、赛芦笙、祭飞山、抢花炮、鱼冻节等近百个民间节会。与农耕稻作相关的节会多达 30 余种。瑶族的重要节日有清明节、四月八、吃新节、端午节、中秋节、盘王节、春节等。每年的四月八日，瑶族人要吃"乌饭"。盘王节是大部分瑶族祭祀祖先盘瓠的重大节日，以农历十月十六日盘瓠的生日为期，瑶族男女老少聚居舂糍粑、唱歌跳舞欢庆，感谢盘王的庇佑。新宁瑶族把这天称为"庆鼓堂"，要举行"跳鼓坛"，结竹为寮立神坛，在坛中央立盘王像，集歌、舞、乐及祭祀仪式于一体。雪峰山花瑶有三大传统节日，即一次"讨念拜"，两次"讨僚皈"，原本都是为了纪念花瑶历史上的抗暴斗争，随着时间的推移，这三大传统节日已经演变成为人们赶集购物、活动聚会，青年男女赛歌、谈情说爱的喜庆节日。

沅江流域白族的传统民族节日中，有两个最为隆重的节日。一个叫冬至节，也叫祭祖节。每年冬至节这一天，各祠堂所属全族男女老幼，穿着盛装，聚会祠堂，杀猪宰羊祭本主，跳仗鼓舞，饮宴一番。另一个叫赶会，各地会期不一，这些会期是按着当地主要本主的生日选定的，从一月到十月均有。会期那天，主要有经商、游神、献艺三部分活动，各族人民身着盛装，携带农副产品和山禽家畜、药材茶叶等来赶会，交流贸易的同时游神娱乐。

回族和维吾尔族的传统民族节日与宗教关系密切，主要有三大节日：开斋节、宰牲节和圣纪节，这些节日，都是以伊斯兰教历计算的。

**6. 民间艺术的多样性**

土家族有丰富的口头文学，主要表现在诗歌及故事传说。诗歌主要有古歌、劳动歌、情歌、诉苦歌、长篇叙事诗等。古歌流传至今的有《梯玛神歌》《摆手歌》等。土家族一直使用汉文书写，明清时期书院教育在土家族地区有了长足进展，书面文学如诗歌、词、散文、游记等也随之产生。其中《竹枝词》内容广泛，题材丰富，感情真挚，是土家族文人作品中的璀璨明珠。土家族歌曲有山歌、情歌、劳动歌、古歌、盘歌、曲艺小调、三棒鼓等形式。土家人还喜欢唱号子。吹奏乐器有木叶、咚咚喹、牛角、树皮号等。土家族传统舞蹈极为丰富，以摆手舞最为突出，舞姿矫健，粗犷大方。土家族传统工艺美术有纺织、编织、刺绣、挑花、剪纸、绘画、雕刻等，其中以土家族织锦——土家语称为"西兰卡普"最为著名。

苗族的民间文学有古歌、神话、传说、故事、寓言、童话等。民间舞蹈有芦笙舞、锦鸡舞、铜鼓舞、木鼓舞、湘西鼓舞、凳舞和古瓢舞等，尤以芦笙舞流传最广。苗族音乐格调古朴，内容丰富，主要有飞歌、酒歌、游方歌、理俗歌、祭祀歌、儿歌等。

侗族民间口头文学分为侗歌、耶歌、款词、传说故事以及寓言、笑话、谚语、谜语、童谣等。侗歌韵律严谨，分脚韵、腰韵和内韵三种。脚韵要求较严，往往一韵到底，很少转韵。腰韵和内韵则灵活些，仅要求上下句和上下小节之间押韵。用乐器伴奏的侗歌有侗笛歌、木叶歌和琵琶歌。琵琶歌是歌师一人唱，用琵琶伴奏，唱一段有一段道白，类似说唱文学。耶歌以集体演唱为主，并伴以简单的舞蹈动作，男队以手搭肩，女队互相牵手，步伐整齐而有节奏，绕场踏地而歌，一人领唱，众人和以全句或后半句，歌声嘹亮，有强烈节奏感，古人称为"踏歌"。款词是一种念词，多对偶句，并且押韵，朗诵起来，平仄音韵协调，铿锵有声。

瑶族的神话传说故事，内容丰富，富于想象，具有浪漫主义色彩。歌谣有的用汉字写成歌本世代相传，如《盘王大歌》。瑶族男女均善歌，常在喜庆之日对歌，往往通宵达旦。舞蹈多与宗教祭祀有关。有长鼓舞、羊角短鼓舞、赛鼓舞、刀舞、香火龙舞、金爪舞、伞舞等。乐器有长鼓、赛鼓、木叶等。唢呐、笛子、锣、大鼓等乐器，在瑶族中也相当流行。

白族民间有韵体文学、散体文学、说唱文学等。韵体文学有民族史诗，有传统民歌。散体文学有神话传说和故事、道话、寓言、笑话。说唱文学有打花灯等。每年正月，白族地区普遍爱演花灯，走村串寨，很受群众欢迎。白族人民能歌善舞，山歌形式活泼自由，内容丰富多彩，情歌悠扬柔情，劳动号子气势磅礴。白族舞蹈中最出名的是仗鼓舞。白族的民间工艺以木雕和挑花最为著名。白族的木构建筑，包括房屋、凉亭、庵堂、庙宇、桥梁、楼阁、大门等，喜欢雕龙刻凤。白族女子一般满十二岁就开始学习挑花，穿戴用品上的图案都要自己亲手挑绣，议亲时女子的绣品就是评判姑娘是否心灵手巧的重要凭证。

维吾尔族人民的文学艺术相当丰富。目前保存下来的和流传比较广泛的民间文学有《哈八士的故事传说》等。这些民间故事传说不同程度地反映了当地维吾尔族的历史来源、生活习俗。维吾尔族舞蹈艺术丰富多彩。在民族节日里，年轻的姑娘穿上节日的盛装，按照自己的年龄，扎上小辫子，一岁一条辫子，然后群聚而舞，边唱边跳，动作朴素、轻巧、优美。村上的男女则围观，鼓掌助兴，热闹非凡。

**7. 建筑艺术的多样性**

土家族聚族而居，民居自成群落。传统民居主要有茅草屋、土砖瓦屋、木架板壁屋、吊脚楼，除此之外还有石板屋和岩洞。吊脚楼集建筑、绘画、雕刻艺术于一体，是土家族建筑雕刻艺术的杰出代表。

苗族村寨选址往往会选择那些阳光充足、水源丰沛、森林茂盛、动物众多、物产丰富的场所。有一些地区，苗家居住的房屋是岩屋，即垒石为宅。苗家人干栏式建筑，一般为三层构建，第一层一般为了解决斜坡地势不平的问题，所以一般为半边屋，堆放杂物或者圈养牲畜，第二层为正房，第三层为粮仓。

侗族喜楼居，房屋多是干栏式木楼。楼分三层或两层，高约两丈许，结构严实，全用榫卯嵌接。侗族鼓楼、风雨桥和凉亭被称为建筑"三宝"。鼓楼建于村寨之中，上层雕梁画栋，飞阁重檐，楼的底部呈四方形，由圆柱支托，四周设长凳，楼中安置火塘。风雨桥也称为"花桥"，以装饰华丽而得名，建于村寨附近溪流之上，除了是交通工具以外，还被认为有"聚气纳福"的功效，桥面铺木板，建长廊，修宝塔形的桥顶，既有桥梁的雄伟，也有楼阁的精巧。凉亭一般建在山坳、路旁、井边、溪边、江河边，上盖青瓦或杉皮，亭内两柱之间横穿木枋以代长凳，亭内挂有草鞋以供旅人换用。亭边还有指路碑、功德碑，功德碑刻有凉亭建造时间、捐工捐款数目等。湘西南瑶族过去的房屋大多是泥瓦式结构，筑土为墙，盖以茅草、稻草、杉木皮或竹片，林区盛行干栏式结构住房，下围木板，上盖瓦片或杉皮，上层堆放杂物，中层住人，下层关养畜牲、家禽。有少数瑶族的住宅是半山洞、半房屋，俗称"半边居"。比较富裕的瑶民住砖瓦屋，两侧人字墙，前高后低，用石灰粉成龙头状。现在，瑶族居住条件大为改善。

白族的村寨多建在平坝或依山傍水的山脚地带，每村数十户或上百户不等。一般是聚族而居，但也有和其他民族交错杂居的。白族的房屋有木质结构、木石结构和全石结构几种，多为二层楼房，也有住平房的，并以三开间较为普遍。畜圈和厨房与主房分开。一楼住人，二楼多用作储藏粮食。每家都设有火塘，中设三脚架，以供烧饭和取暖。房屋前面有青石板铺成平地，夏天作为乘凉、晒谷之用。

**8. 社会治理制度的多样性**

沅江流域苗族地区过去有不同宗的家族组织成的地域性村寨组织，是一种民间议事会组织，称为"议榔"。议榔是原始民主制度的残留，每隔几年或更长时间，召集一次会议，制定榔规。榔规一经制定，具有极强的约束力，任何人不得违背。会议由榔头主持，榔头由各寨寨老、理老等推举产生。议榔组织对内维护社会秩序，管理生产劳动，调解民间纠纷，对外抵御外侮外患，包括组织军事行为等。

侗款是侗族历史上以地缘和亲缘为纽带，通过盟誓与约法而建立起来的带有区域行政与军事防御性质的联盟，是侗族古老的社会组织和社会制度。款组织为了规范成员的行为，制定了一系列的制度规定，是为"款约"。款约内容丰富多彩，包括成员行为规范、道德规范、家庭组织、民族起源、区域划分、宗教崇拜等各方面的内容。当前"款约"仍然在侗族人民生活中发挥积极作用，在现代法制的约束下，转化为符合现代法治精神、发挥传统治理模式优势的村规民约。

　　沅江流域的瑶族传统社会组织是"瑶老制"，"瑶老"是一种总称，在各地分别有"庙老""寨老"等不同称呼。瑶老或由神判决定，或民主选举产生，负责选择农时、调解内部纠纷、主持宗教祭祀活动以及指挥作战，无偿为村社成员服务。

　　沅江流域维吾尔族文化吸收了许多汉族文化和回族文化的成分，和西北维吾尔族文化大相径庭，具有湖南的特点。[①] 受当地汉族宗族文化影响，翦氏撰写了翦氏族谱，修建了祠堂，成为全国唯一有祠堂的维吾尔族，并有着自己的宗族文化。

## 三　沅江文化的历史时代性

### （一）古代农耕文化

　　考古发现证明，沅江流域 30 万年前就有人类活动，文明的星火开始点燃。沅江流域至今已发现的旧石器与新石器遗址多达 400 多处。在新石器时代的数千年中，先民们创造和发展了原始文化与原始农耕文明，而在某些方面还处于领先地位，为中华文化与中华文明的最初缔造做出了贡献。以高庙遗址为代表的 7400 多年前的远古文明，有"中国史前文明的大百科全书、中国上古人类的神秘家园"之称，高庙遗址出土了大量工艺精美的白陶和宗教祭祀艺术品，表明当时沅江流域的生产力水平和文化发展状况在全国居于前列，是中华文明的发源地之一。

　　沅江下游的平原与低丘、滨湖地区，土地肥沃，雨量充足，水面宽阔，交通便利，农耕渔业发展条件优越，早在春秋时代即已成楚国

---

①　黄丽：《湖南翦氏维吾尔族宗族文化的变迁》，《三峡论坛（三峡文学·理论版）》2010年第 1 期。

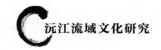

粮仓，素有"鱼米之乡"的声誉，是典型的稻作农耕兼渔业的生产生活方式和文化类型；沅江中游山多田少，溪洞纵横，交通阻隔，且多为少数民族聚居地，靠山吃山，旱土作物和狩猎、林木经济所占比重大，生产生活方式和历史文化都另具特色。①

沅江流域传统村落主要以农业生产为生活基础，可耕作的土地多分布于河谷与河流平坝、缓坡等地，河流的冲刷河床能形成适宜开垦的耕地，因此村落多分布于河谷。临水而居利于农业灌溉和引水，也便于生活取水。村民们以农业生产为主，兼渔猎，刀耕火种，农业产量低。唐宋时期，手工业副业生产有了新的发展，其中以采茶、取蜡、织锦、采药、冶炼朱砂等较为突出。随着汉族农民和商人的大量迁入，铁铧犁、铁镰、铁耙等铁器配合牛耕得到推广，蜈蚣车、冲筒、水磨、水碓、水碾等水利设施大量增加，耕地面积大幅度增加，先进的农业生产技术得到推广，农业种植开始按季节播种、复种、施肥、除草。农作物的种类逐渐增多，粮食产量提高，棉花、油桐、油茶、茶叶等副业生产也有了较大的发展。手工业的分工愈来愈细，商业发展较快。明清时期，山区是垦殖扩张的主要目标，其中湘鄂川黔交边山区（武陵山、雪峰山等）就是资源开发的主要区域之一，也是明清时期我国新的经济增长空间之一。② 明末清初的战乱，对整个中国包括沅江流域的社会经济带来了极大的破坏。清朝政局逐步稳定后，政府普修水利工程、积极推进拓荒屯田措施，沅江流域各地土地开垦面积均有大幅度增加，尤其是下游的常德地区；沅江上游的湘黔交界山地，人民不仅大力垦殖生荒地，而且在推广高产农作物、改造低产田地等方面取得了重要成绩。整个沅江流域，农田面积增加、农

---

① 伍新福：《湖南文化史》，岳麓书社，2016，第 2 页。
② 张建民：《明清长江流域山区资源开发与环境演变——以秦岭—大巴山为中心》，武汉大学出版社，2007，第 2 页。

业技术增强、农业品种得到了丰富，传统的稻作生产开始向精细化农业转变。[①]

（二）古代交通商贸文化

从古至今，沅江流域的水陆交通都是交通的要道。沅江流域多山，湖南境内有武陵山脉、雪峰山脉盘踞，陆路交通多被山地阻隔，水路便变成了天然的联系区域内外的通道。沅江航道自古便是长江主航道的重要分支之一，主要航线包括川湘、鄂湘酉水航线，湘黔潕水航线，湘黔辰水航线等，这些航线，连接贵州、重庆、湖北，从洞庭湖汇入长江，常年可通航，承载着区域内居民的物资集散、商业贸易以及连接中原政治中心等功能。但这并不意味着沅江流域的陆路交通就不发达。在人与自然长期适应发展中，沅江流域也有一批重要的古道，如湘川驿道、湘黔驿道等，这些古道可以说是现代公路的前身，许多国道、省道就是沿古道的旧辙修建的。元代至元二十九年（1292年），开通了大都（今北京）经沅江流域至昆明的京昆驿道，后经明、清两朝完善，建立了水陆结合的驿传制度。

战国初期，沅江流域靠北部地区为楚国所辖，战略位置重要，楚国迁来大批移民，楚国文化和沅江流域的本土文化开始交融。战国后期，黔中郡、里耶、采菱城是当时重要的城镇，在军事、经济和文化上都有重要地位。以里耶古城遗址为代表的先秦时期700多处文化遗址，表明沅江流域早在先秦时期就成为中原文化与西南文化的交汇地，对周边具有极强的文化辐射作用，影响了大半个中国。到了宋代，沅江流域的水运优势逐渐显露，形成了一些沿河码头运

---

① 罗运胜：《明清时期沅水流域经济开发与社会变迁》，社会科学文献出版社，2016，第153页。

输点。清朝以来在"改土归流"政策下,在征苗开边、改土归流、移民汇聚等多重因素的影响下,商业贸易经济迅猛发展,这一时期出现了一批利于自由贸易的商业街巷和货运码头。沅江两岸重要码头有洪江、浦市等,不仅汇集了多地的商品,也汇集了来自江西、安徽、江苏、浙江、云南、贵州等地的大量移民,当地汉、苗、侗、瑶、土家等多个民族一道,形成了一个多民族聚居区,移民文化、民族文化在此碰撞融合。[①]

洪江位于沅、巫两水交汇处,历史上是滇黔与沪汉之间水运的必经之地,其有湘西南重要的驿站和繁华的商埠。元朝末年,洪江一带已成为湘黔边境的大市场,明清时期更成为湘、滇、黔、桂、鄂物资集散通道的商贸重镇,以集散桐油、木材、白蜡、鸦片而闻名,被称为"五省通衢"。现仍保存完好的洪江古商城的明、清古建筑,有380多幢,总面积约20万平方米。

浦市位于沅江中游西岸,是吉怀交界的边陲重镇,在历史上是湘西四大古镇之首。南宋中期,浦市因集散便利被选作军队集聚地,明清之际,浦市发展为大湘西的物资集散地,有"小南京"之美称。有民谚称:"有心上浦市,无心过江东""百羊千猪万担米,水泄不通犁头嘴"。清代浦市航运业兴盛,成为盐、瓷器等各种商品的集散地,清中后期,除了木材、农产品等传统的商品外,铁矿业、桐油业、鞭炮业等行业在浦市快速兴起,在鼎盛时期,有3条商贸街、12座城门、13省(地)会馆、20多座货运码头、45条巷弄、数以百计的"窨子屋",以及古戏楼、寺庙道观等建筑群,现有保护完好的明清古民居、古建筑78幢,古商铺218间。

---

① 周红、胡敏:《文化生态视角下沅水流域少数民族古镇旅游开发研究》,《贵州民族研究》2015年第9期。

过去，由中原进入大西南，从洞庭湖沿沅江及其支流溯源而上是最为便捷的道路，这是军事交通、文化交流、经贸往来的要道。现如今，沅江流域的水运交通，由于社会历史的变迁、水位的下降、水电站的修建已经逐渐淡出，但是公路、铁路和航空已经形成立体网络，为人们提供更便捷的交通服务。

（三）革命旧址和爱国文化、红色文化

湖南被誉为"革命摇篮，伟人故里"。沅江流域在风起云涌的年代英雄辈出、勇挑重任，既有自鸦片战争以来，为了国家和民族前途命运而抛头颅、洒热血的大批仁人志士留下的艰难求索的足迹、可歌可泣的事迹及遗址或故居，更有中国共产党成立以来，中国共产党早期领导人和革命先烈故居、革命活动和重大历史事件遗址遗迹、中国革命纪念设施，以及社会主义建设和改革开放时期体现艰苦创业和改革创新精神的人物、事件和旧址等。沅江流域有以粟裕、向警予、滕代远等为代表的革命先驱及革命家，有"通道转兵""湘西大会战""常德会战""湘西剿匪"等革命活动和重大历史事件遗址、遗迹，有红二、红六军团的根据地和湘鄂西根据地、湘鄂赣根据地以及以常德、芷江为代表的抗战名城。袁隆平在怀化安江农校发明了杂交水稻，解决了世界粮食问题，现如今，杂交水稻纪念园也成了知名的景点。

民主革命前夕，沅江流域航运兴盛，重要码头和港口城市出现了资本主义的萌芽，同时，随水运而来的还有资产阶级民主革命思潮和各种进步刊物，催生了新式学堂，其中最有名的当属位于芷江的沅水校经堂和位于常德的西路师范。湖湘文化中传统的经世、爱国内涵，在新的形势下激发了年轻学子的革命热情。西路师范的学生中涌现了滕代远、翦伯赞、覃振、粟裕……一批心有抱负的年轻人踏上了革命的征程。大革命时期，沅江流域各个地区先后成立了中共地方组织，掀起轰轰烈烈的工农运动，推动农村大革命，开创了"一切权力归农会"的可喜局面。在党组织的领导下，这些地区高举革命旗帜，以血与火的抗争寻找光明的出路。1934年12月，中央红军长征途经通道境内时，曾召开一次生死攸关的重要会议，史称"通道会议"，中央军委放弃了北上湘西与红二、红六军团会合的原定方针，改向敌人力量薄弱的贵州进军，通道会议为遵义会议的胜利召开，创造了关键性的前提条件，在危急关头，挽救了党，挽救了红军，挽救了中国革命。在抗日民族统一战线的旗帜下，党领导沅江流域各族人民同仇敌忾，浴血奋战，打败了日本侵略者，保卫了自己的家园。新中国成立前夕，国民党反动派收编土匪，在湘西建立反共根据地，总数达10多万人之众。1949年，解放军第38军由常德挺进湘西，47军、46军136师、38军114师等主力部队奉命进入湘西剿匪。1952年，在军民的共同努力下，结束了数百年湘西匪患。

沅江流域的革命者、先行者既具有坚定的革命性和强烈的政治性，同时在革命的具体实践过程中，又带有浓郁的地方性和民族性，与中华文化及各地的红色文化既一脉相承，又有所突破创新。

（四）新时代非遗保护与文旅融合

在文旅融合政策的推动下，"以文促旅，以旅兴文"已经成为重要的指导思想和发展路径。沅江流域历史文化厚重、山水风光绮丽、民族风情浓郁，非遗项目众多。近年来，多项保护与传承措施并举，通过文旅融合的途径，实现了经济效益和社会效益的"双赢"。

以沅江流域的非遗"富矿区"湘西土家族苗族自治州为例，近年来，该州用非遗文化撬动乡村旅游，依托非遗文创龙头企业，发展

"非遗＋扶贫＋旅游"文创产业，已建有省级非遗扶贫就业工坊2个、州级非遗扶贫就业工坊10个、传统工艺振兴示范企业2个、非遗扶贫车间25个，"非遗工坊"成为旅游观光又一亮点。全州培育发展了21家重点文旅企业，打造"湘西有礼"特色文旅商品28种，涌现出银器、茶叶、姜糖、土家织锦、苗族蜡染扎染等一批年销售过亿元甚至过十亿元的非遗特色旅游商品。[①]

怀化文化旅游资源富足神奇，水陆空交通便捷，各县（市、区）非遗资源特色鲜明，类型多样。比如，龙灯有芷江擎龙、溆浦蚕灯、会同草龙、洪江市雪峰断颈龙等；龙舟有沅陵传统赛龙舟、溆浦大端午传统赛龙舟、麻阳传统赛龙舟等；民间绘画有麻阳农民画、溆浦功德画、黔阳古城速成无笔画等；仅戏剧类就有新晃侗族傩戏、沅陵辰州傩戏、溆浦辰河目连戏、辰溪辰河高腔、通道侗戏、鹤城上河阳戏6个项目先后入选国家非遗名录，是目前全省传统戏剧入选国家非遗名录最多的市州，此外，还有溆浦傩戏、麻阳花灯戏、会同傩戏、辰溪木偶戏、社塘木偶戏等5个省级非遗戏剧，以及汉剧、桂剧、祁剧等民间戏剧。当前，怀化正以非遗为依托，着力将通道皇都《戊梁恋歌》，洪江古商城《芳华入梦》，鹤城《侗山红》、《怀化有戏》，沅陵《狃子花开》等剧目打造成旅游演艺精品节目。

沅江流域丰富的非遗资源（见表2－1）为"非遗＋节庆""非遗＋演艺"等文旅融合方式提供了基础，让传统文化点燃游客热情和活力，在实施过程中，以非物质文化遗产为核心、以旅游为载体的文化和旅游协同发展的模式，让更多的游客近距离感受非遗的魅力。

---

① 周煊：《推动文旅融合　助力乡村振兴》，湘西网，http：//news.xxnet.com.cn/h/25/20210322/182031.html。

表 2-1 沅江流域（湖南）国家级非物质文化遗产代表性项目及其保护单位

| 序号 | 项目类别 | 项目名称 | 保护单位 |
|---|---|---|---|
| 1 | 民间文学 | 苗族古歌 | 花垣县非物质文化遗产保护中心 |
| 2 | 民间文学 | 土家族梯玛歌 | 龙山县非物质文化遗产保护中心 |
| 3 | 民间文学 | 盘瓠传说 | 泸溪县非物质文化遗产保护中心 |
| 4 | 民间文学 | 土家族哭嫁歌 | 永顺县非物质文化遗产保护中心、古丈县非物质文化遗产保护中心 |
| 5 | 传统音乐 | 靖州苗族歌鼟 | 靖州苗族侗族自治县非物质文化遗产保护中心 |
| 6 | 传统音乐 | 土家族打溜子 | 湘西土家族苗族自治州非物质文化遗产保护中心 |
| 7 | 传统音乐 | 茶山号子 | 辰溪县文化馆 |
| 8 | 传统音乐 | 江河号子（酉水船工号子） | 保靖县非物质文化遗产保护中心 |
| 9 | 传统音乐 | 苗族民歌（湘西苗族民歌） | 吉首市非物质文化遗产保护中心 |
| 10 | 传统音乐 | 土家族咚咚喹 | 龙山县非物质文化遗产保护中心 |
| 11 | 传统音乐 | 芦笙音乐（侗族芦笙） | 通道侗族自治县非物质文化遗产保护中心 |
| 12 | 传统音乐 | 土家族民歌 | 湘西土家族苗族自治州非物质文化遗产保护中心 |
| 13 | 传统舞蹈 | 龙舞（芷江擎龙） | 芷江侗族自治县文化馆 |
| 14 | 传统舞蹈 | 龙舞（城步吊龙） | 城步苗族自治县文化馆 |
| 15 | 传统舞蹈 | 土家族摆手舞 | 湘西土家族苗族自治州非物质文化遗产保护中心 |
| 16 | 传统舞蹈 | 湘西苗族鼓舞 | 湘西土家族苗族自治州非物质文化遗产保护中心 |
| 17 | 传统舞蹈 | 湘西土家族毛古斯舞 | 湘西土家族苗族自治州非物质文化遗产保护中心 |
| 18 | 传统戏剧 | 高腔（辰河高腔） | 泸溪县辰河高腔传习所、辰溪县高腔艺术保护传承中心 |
| 19 | 传统戏剧 | 高腔（常德高腔） | 常德市汉剧高腔保护中心 |
| 20 | 传统戏剧 | 侗戏 | 通道侗族自治县非物质文化遗产保护中心 |
| 21 | 传统戏剧 | 目连戏（辰河目连戏） | 溆浦县辰河目连戏传承保护中心 |
| 22 | 传统戏剧 | 傩戏（侗族傩戏） | 新晃侗族自治县文化馆 |
| 23 | 传统戏剧 | 傩戏（沅陵辰州傩戏） | 沅陵县文化馆 |
| 24 | 传统戏剧 | 花鼓戏 | 常德市鼎城区花鼓戏保护中心 |
| 25 | 传统戏剧 | 阳戏（上河阳戏） | 怀化市鹤城区阳戏保护传承中心 |
| 26 | 曲艺 | 常德丝弦 | 常德市文化馆 |
| 27 | 传统体育、游艺与杂技 | 赛龙舟 | 沅陵县文化馆 |
| 28 | 传统美术 | 剪纸（踏虎凿花） | 泸溪县踏虎凿花传习所 |
| 29 | 传统美术 | 挑花（苗族挑花） | 泸溪县非物质文化遗产保护中心 |
| 30 | 传统美术 | 石雕（沅洲石雕） | 芷江侗族自治县文化馆 |

| 序号 | 项目类别 | 项目名称 | 保护单位 |
|---|---|---|---|
| 31 | 传统美术 | 彩扎(凤凰纸扎) | 凤凰县非物质文化遗产保护中心 |
| 32 | 传统美术 | 苗画 | 保靖县非物质文化遗产保护中心 |
| 33 | 传统技艺 | 土家族织锦技艺 | 湘西土家族苗族自治州非物质文化遗产保护中心 |
| 34 | 传统技艺 | 蓝印花布印染技艺 | 凤凰县非物质文化遗产保护中心 |
| 35 | 传统技艺 | 苗族银饰锻制技艺 | 凤凰县传承民族工艺有限责任公司 |
| 36 | 传统技艺 | 侗锦织造技艺 | 通道侗族自治县非物质文化遗产保护中心 |
| 37 | 传统技艺 | 土家族吊脚楼营造技艺 | 永顺县非物质文化遗产保护中心 |
| 38 | 传统医药 | 苗医药(癫痫症疗法) | 凤凰县非物质文化遗产保护中心 |
| 39 | 传统医药 | 苗医药(钻节风疗法) | 湘西青山苗族医学文化有限公司 |
| 40 | 民俗 | 苗族服饰 | 湘西自治州毕果民族服饰研制中心 |
| 41 | 民俗 | 农历二十四节气(苗族赶秋) | 花垣县非物质文化遗产保护中心 |
| 42 | 民俗 | 苗族四月八姑娘节 | 绥宁县文化馆 |
| 43 | 民俗 | 苗族四月八 | 吉首市非物质文化遗产保护中心 |
| 44 | 民俗 | 土家年 | 永顺县非物质文化遗产保护中心 |
| 45 | 民间文学 | 老司城的传说 | 湘西土家族苗族自治州永顺县 |
| 46 | 传统体育、游艺与杂技 | 岩鹰拳 | 邵阳市新宁县 |
| 47 | 传统技艺 | 果脯蜜饯制作技艺(雕花蜜饯制作技艺) | 怀化市靖州苗族侗族自治县 |
| 48 | 传统美术 | 苗绣(湘西苗绣) | 湘西土家族苗族自治州花垣县 |
| 49 | 传统技艺 | 侗族木构建筑营造技艺 | 怀化市通道侗族自治县 |

# ‖ 第三章 ‖

# 沅江流域阶梯型地理人格的形成

沅江是一条跨越不同地理区域和民族分布区的河流，从河网密布的滨河平原到崇山峻岭的山地民族，历史悠久，文化灿烂。不同地域环境产生不同的人格，沅江流域从发源地到下游洞庭湖滨湖平原，不仅地理环境差距大，而且不同区域繁衍生息着不同的民族，其风俗习性具有较大差异。

沅江上游，多为崇山峻岭，山地文化特征明显，分布有苗族、侗族等民族；中游多在湖南怀化境内，属低山丘陵区，形成了以汉族为主的民族杂居区；下游属滨湖平原，河网密布，属传统汉族文化区。沅江流域阶梯型地理人格属性明显，对其探讨有助于我们明晰沅江流域多元而丰富的文化。

不同地域与民族，因地理环境与生计的差异，形成了不同的性格。本尼迪克特认为，祖尼、多布、夸库特耳三种文化不仅仅是行为和信仰的异质分类，它们各自都有一些其行为指向的目标以及它们的制度深入发展的目标。它们之间的差异不只是因为一种特质此有彼无，而是由于另一种特质在两个地区以不同形式出现。①

生态环境与历史开发的不同，导致沅江流域上游、中游、下游等

---

① ［美］露丝·本尼迪克特：《文化模式》，何锡章等译，华夏出版社，1987，第173页。

形成了不同的地理人格及其精神特质。流域与文化之关系不容忽视，流域本非一个纯粹的自然地理概念，流域的历史与人类的活动交织和纠缠在一起；因之，流域的历史不再是单纯的自然史，我们要深入理解流域，就不可避免要关切人及其实践活动。当致力于文化研究的人类学、民族学面对江河流域，有必要重新认识和理解"人与河""文化与流域"的关系。[①]

沿沅江而上，这条河的历史贯穿了中国的文明史。战国时期楚文化到红色革命文化，谱写了沅江流域大河的历史。沅江流域不同区域的各民族共享一条大河，既有相似的地理人格，勤劳善良，同时也有区别，山地文化和滨湖平原文化即处于沅江的两极，这些文化孕育了不同的人才，也彰显出不同的地理人格。

## 一 沅江上游山区形成的地理人格及其精神特质

### （一）沅江上游地理人格的影响因子

沅水的上游深入贵州"苗疆"腹地，其上游清水江流经苗族集聚区。明清时期，长江中下游地区木材砍伐严重，需要沅江上游清水江的木材供给（由清水江流入洞庭湖的木材被称为"苗木"），清水江流域由此成为当时中国最重要的木材产区。清水江沿岸丛林茂密，20世纪50年代还有大量老虎、黑熊出没。清水江流域居住了大量苗族人，据苗族古歌记载，这部分苗人是由都柳江翻越雷公山进入清水江一带的。据苗族口传记忆，他们的祖先过去生活在水边，因人口繁衍，部分族众沿河西迁，从河流的东方，溯河而上，进入山高水冷的云贵高原东部。

---

① 张应强：《流域的历史文化逻辑》，《原生态民族文化学刊》2018 年第 1 期。

自元代统一西南后，云南省因其重要的战略地理位置，又是扼守西南边陲的桥头堡，成为王朝政权重点经营的地区之一。据研究，这时期有多条从内地入滇的驿道，其后形成了最重要的两条通道。一是自泸州经毕节至中庆（今昆明）道，即从四川省泸州经叙永入云南省的威信，再经贵州省的毕节入云南宣威、曲靖、马龙等至昆明，文献中亦称为入滇"西路"。二是自湖广辰（州）、沅（州）经普安至中庆道，元代至元二十八年（1291年）开通此道，走向是自湖南沅陵入贵州镇远，经黄平、贵阳、安顺、普安、盘县入云南曲靖等地至昆明。这条驿道在文献中亦称为湖广入滇之"东路"。因这条驿道所经之地为各行省之间交叉的边缘模糊地带，加上沿线周边多是土司控制或非汉族族群分布的区域，驿道就犹如一条孤线将湖广与云南勾连起来，故明代以后的文献中又常冠以"一线路"之称。

可以说，当初贵州省之设立，目的就是保障通往云南驿道的安全。而其中又尤以保护由湖广辰州至贵州普定，东西横跨贵州中部入滇的所谓"东路"为主。如此一国政府为保护一条交通要道而专门设置一省级单位这样的重大举措，即使从世界范围内看，也可谓罕见之举。

贵州在建省前，一直是众多非汉族族群密集分布的地域。明代通过"军屯"、"商屯"及"民屯"等移入了近百万名汉族移民，并在卫所的基础上开始筑城，出现了贵州省的第一批城镇集群。但明代终其一朝，汉人仍主要沿驿道线分布。"其地止借一线之路入滇，两岸皆苗"①。沅江流域上游沿沅江干流，也是一条以"移民文化"为特色的文化走廊，它跨越了众多非汉族族群分布的地域，并且至今仍然是汉族与非汉族族群在文化上频繁交汇和相互影响的交界地带。数百

① 〔明〕王士性：《广志绎》，中华书局，2006，第325页。

年文化间交汇的历史，在这条走廊沿线不仅留下了深厚的积淀，也造就了丰富多彩的文化事象。沅江流域上游，城镇大多是在原卫所基础上发展而来的，城镇分布的密度以及汉文化积淀最为集中的地域事实上也正是沿河流呈带状分布。

清初随着王朝政府开辟"新疆"和有计划地疏浚清水江，在木材采运贸易逐步发展并日趋繁荣的历史背景下，清水江下游地区村落社会关系发生变化。明代中后期兴起的清水江流域木材贸易，以及明、清两朝的货币和税收制度为白银大量流入该区域苗族社会提供了条件，也成就了现今的苗族银饰在清水江流域及其雷公山区集中分布的格局。苗族社会原有的以水牛作为财富计量单位及财富表征的传统，以贵重之物或货币装饰身体、祈福辟邪的传统，为白银货币的银饰化提供了可能。水牛等苗族原初社会价值计量及表征之物被贸易舶来的白银货币替代之后仍然折射为银饰上的水牛角造型符号。苗族财产继承权的性别差异，引发了银饰的性别偏重，由此形构了家庭倾力为女性添置银饰的习俗惯制。透过白银在清水江流域银饰化的历史，窥探到的是苗族社会附着在银饰上的多元文化互动、交流与交融的图景①。

沅江上游的苗族处于崇山峻岭之中，从事稻作与游猎，历史上形成了不同于沅江中下游地区群体的性格，如反抗性强、团结互助、好客友爱、能歌善舞、勤劳朴实等。如陈立鹏认为，在封建社会，苗族是一个受压迫最深、反抗性最强的民族之一。从某种意义上说，苗族历史是一部苗族人民的苦难史，又是一部反压迫、反剥削的英雄史。他们总是反抗不绝，战斗不息，即使这些反抗要付出巨大的代价。由于历代统治阶级的压迫剥削和扼制，苗族人民总是在不断地受到冲击

---

① 杨正文：《清水江流域的白银流动与苗族银饰文化的成因》，《民族研究》2015年第5期。

而不断地流动。且流动的去向，又只能是统治阶级势力鞭长莫及的荒僻山区，以此为依托，求得暂时的安息。在这样极端艰难困苦的条件下，苗族人民不仅生存了下来，建立起自己的家园，而且创造了自己灿烂的物质文明和精神文明，包括丰富多彩的民间文学、悦耳的芦笙曲调、优美多姿的舞蹈、五彩缤纷的刺绣、光彩夺目的精美银饰、精湛的医学、独特的武术等，可以说，其团结互助、坚韧不拔的性格起了重要作用。一些苗族古歌也反映了这一性格特征，如"生要生在一起，活要活成一家""千众相跟相随，万众相拉相扯"等①。

（二）沅江上游地区文化精神的多重性

沅江上游属于山地少数民族地区，各民族具有不同的风俗习惯，因长期互相交流交往，共同形成了敢于进取、和谐共生的精神特质。沅江上游的清水江和酉水等区域，少数民族和汉族交往频繁，民族之间形成"互嵌"格局，由此在精神特质方面具有文化精神的多重性。

沅江上游山地少数民族长期与进入"苗疆"的汉族交往交流交融，互相影响，部分汉族出现"苗化""侗化"现象，也有少数民族与汉族通婚，从而"汉化"。互嵌与融合是沅江上游民族的主旋律，共同建设了中华民族的精神家园。

沅江上游清水江流域苗族聚落本身即是一种社会组织体系，人们形成聚落具有深刻的生态人文根源。苗族迁徙进入清水江流域，选址建寨，以血缘与姻缘为纽带形成了以聚落为单位的地域社会网络。

婚姻是立足于人类自身生产的基点，是对人类性行为的制度性规

---

① 陈立鹏：《苗族性格初探》，《民族论坛》1993年第1期。

范，也是一种制度存在。婚姻制度是一个由诸多要素构成的综合体，其中某些要素的改变，必然牵连到其他要素的调整，也往往会导致婚姻制度的某些变迁。苗族的游方与姑表婚是互相配套的制度要素。过去，游方曾被视为原始落后的东西，但苗区的年轻人还是照样游方，国家的意识形态并没有改变小地方的文化传统，这体现了某种制衡关系。现在，市场经济激活了个人的物质利益追求，年轻人纷纷外出打工赚钱，于是分散的个体就难以与作为群体活动的游方相联系了。由于社会的变动与人口流动，男女接触时空的多样化，游方制度已失去其得以生存的社会条件，不得不走向衰落。婚姻制度的变迁可归因于诸多因素，透过婚姻仪式的阶段性比较，可以窥视社会变迁与婚姻制度变迁的关联。

苗族高度重视婚姻在于重视婚姻联盟，通过联姻巩固家族与家族之间的稳定关系。苗族的民族文化性格也是如此，极度好客，热情大方。长期处于封闭的大山，对待外人退让自敛，形成了苗族民族性格及其精神特质的多重性：作为山地民族的苗族，安于封闭的大山，勤劳朴实，家乡情结较重；既坚毅果敢，不畏强豪，敢于对不平之事进行反抗，也柔弱守成，一味退让，具有双重矛盾性；同时，梯田社会的文化，培养了高度合作和团结的精神。苗族注重集体情感，善良与智慧并存，对待外人如同亲人，热情好客，长期生活在大山，积累了一套"稻—鱼—鸭"复合农业生态系统的生存智慧。

侗族传统村落历经先民迁徙避乱，于苦难中求生，历经中央王朝的强权政策，于变革中整合。在这样的社会时代背景下，他们忠于血缘和地缘，有着严密的社会组织结构，与自给自足的自然经济互利共存，体现了高度团结、自给自足、两性平等的社会时代精神。芦笙舞声音悠扬，节奏比较慢，比较自由，以流畅、婉转、甜美、柔和的艺术表现力为主，表现着侗族人对自由、随性生活的追求和勤劳、善良、纯朴、温和的性格特征。①

侗款为侗族社会村寨与村寨之间的联盟，联盟的基础在于"平权"，各村寨以"聚落"为单位，每一聚落的村寨均有平等权，共同做出协议。侗人的"款"符合斯科特所说的"不被统治的艺术"，即侗款内部并没有形成一村寨独大或"大人物"现象。侗族社会的政治体系在于"平权"，村寨秩序的形成具有民主性和权威性，民主性来源于村寨内部的各家庭共同参与和共同遵守，其秩序的权威性则是款约的神圣性原则。"款"的制定是在民众共同协商和立款血誓的基础上形成的，民主和权威共存，而不是二元对立。

侗族传统文化既具有"温和文化"的基本属性，又基于"温和文化"底蕴而显示出浓厚的民族性、区域性特色，是一种"溪峒稻作"次级类型的"温和文化"。侗乡自古民风淳朴，人民性格温和。乐善好施、古道热肠、热情好客、道不拾遗等良风美俗，在那些交通阻隔、地域偏僻闭塞的村寨一直完整地保存着。民众秉性耿直，重诺守信，话语无通变机诈之巧，人际交往、社会交往以诚心礼貌为特征，生活矛盾、社会矛盾主要依靠协商调解的方式解决，很少诉诸暴力。"宽容柔和、趋静求稳"是侗族的基本民族性格。以"宽柔"为底色的民族性格，映衬出该族群个体通常都有性情温和、心地善良的一面，民众心理上倾向于崇尚稳定有序的社会生活，追求和平、谦让，厌恶争斗、纠纷，没有主动攻伐、扩张的占有欲望。凝聚侗族人民集体智慧的"合款"制度、歌舞文化、宗教信仰习俗是侗族宽柔性格较典型的、集中的反映。这种温和的民族性格反映到具体的个人，在情感表达上体现为拘谨自制，一般在与外界交往中会特别注重环境

---

① 李越：《黔东南侗族传统村落的文化地域性格研究》，华南理工大学硕士学位论文，2018。

和场合，力求语言谨慎、行为得体，喜、怒、哀、乐不行于色；行为方式上则循规蹈矩，充分考虑人情世故、规范约束，缺乏竞争心理。[①]

侗族"补拉"社会结构注重"父亲—儿子"的血缘传统，不同于汉族社会之处在于，侗族社会的"破姓开亲"导致血缘家族共同体的减小，但侗族依靠婚姻联盟关系，重新将整个婚姻圈群体集结起来，从而形成稳定的合作共同体。侗族社会并没有排斥外来文化，但其社会也没有完全市场化。侗族社会对于市场，一方面，加入以木材贸易为中心的全国市场体系，与内地汉族移民按市场货币原则进行交换；另一方面，在聚落内部，则将市场原则排斥在外，按亲属、友情的"礼物原则"规范村寨的秩序。侗人看重亲情、友情，对"情感"极其重视，温柔似水，多情重义。

沅江上游山区形成的地理人格及其精神特质不同于中下游地区，上游属于典型的山地文化。山地民族较为朴实，注重家乡情结，吃苦耐劳；尽管思想较为保守、封闭，但遭遇压迫，敢于反抗；集体主义情结较重，一诺千金，言必行，轻视个体利益，具有牺牲精神。沅江上游山地民族保存有丰富的民族文化，传统社会结构保存较好，中国古村落和非物质文化遗产丰富，是传统民族文化的富集区。

## 二 沅江中游主要干支流河谷平原与盆地形成的地理人格及其精神特质

### （一）沅江中游地理人格的影响因子

沅江中游属于山地丘陵地区，因历史和地理环境的影响，中游一带人们具有逆水行舟、吃苦霸蛮的精神特质。中游一带的沅江人

---

[①] 廖君湘：《南部侗族传统文化特点研究》，民族出版社，2007，第84页。

一方面具有下游平原人的灵性，另一方面也具有西南山地少数民族的"苗性"。

沅江中下游接合部在沅陵县，中游是内地平原进入五溪少数民族地区的关口。东汉初年，建武二十五年（49年）二月，马援领兵四万余人征讨相单程，军至临沅，相单程欲趁马援行军日久、人困马乏之际夜袭，马援早有所料，起义军中计陷入援军的包围圈，损失两千余人，被迫退守沅江清浪滩北岸的杨家寨、将军山一带。也就是说，沅江流域下游的常德与中游怀化沅陵接合部不仅是沅江中下游的分界线，也是当时民族分布的交界点。

沅江中游主要干支流河谷平原与盆地形成的地理人格不同于下游平原水乡，河谷平原与盆地的特点形成的地理人格相对具有较强的"蛮性"，不达到目的不罢休，相对于滨湖平原，保守和封闭。沅江中游属五溪蛮核心区，历史上中原移民不断进入，与当地少数民族融合，产生了少数民族和汉族文化的大熔炉。

东汉时期是沅江中游进入王朝视野的关键时期。马援的部队到达了清浪滩南岸的壶头山，大军驻扎在高坪、楠木坪、柳林汊一带。北岸相单程的起义军居高守隘，一日三次鸣金叫阵。时值六月酷暑，马援的北方士兵，难挨南方的高温。壶头山一带，有四十八座山洞遍布山崖。马援按兵不动，令军士居山洞避暑。不久后，瘟疫在山中蔓延，军士中多有染疾者，而山中缺医少药。到后来，马援也死于这场瘟病，践行了他"马革裹尸"的壮志豪情。马援在今沅陵县壶头山一带留下许多遗迹。壶头山上，马援住过的山洞，被称为"马援洞"；有一条山中小溪，流向了沅江清浪滩，那附近曾是大军放马料的地方，那溪边的村子便叫作马料溪。沅江自今中方县铜湾镇以下河段，水上人奉马援为河神，包括其支流辰水、酉水在内的大小码头，无一例外地都建有伏波庙，供奉着伏波将军马援和他的耿氏夫人。其中以清浪滩边的伏波庙最为壮观。伏波庙前，每当船排下滩时，必有乌鸦凌空飞旋觅食。人们说，那是在壶头山死难的马援部属的英灵，化作了滩头护航的乌鸦兵。宋熙宁六年（1073 年），朝廷命大将军章惇驻沅州屯兵，并修筑城墙。此后的朝代，又曾四次对城墙加高加固，并扩建了北门到南门的护城河。清初，洪承畴率兵在此进剿张献忠余部孙可望，沅州官军在此抗击叛军吴三桂，致使城墙受到严重破坏。直到乾隆六年（1741 年），城墙才得以修复。事实上，由于战略地位的特殊，芷江一直由中央政府直接管控，八百多年从未间断。其间，中原地区的汉人通过各种途径来到这里，与当地的少数民族生活在一起，水乳交融。特别是自元初以来，由中原通往云贵的中央驿道过境芷江，并延伸到缅甸、南掌（即老挝）等东南亚国家，芷江成为这条国际通道上的重要节点①。

　　吉首，苗族人民亲切地称其为"玛汝果得"（意思是很乖很美的地方），令人喜爱，令人神往。吉首原名所里，古叫镇溪。宋神宗熙宁三年（1070 年），设镇溪砦，始得此名。明洪武三十年（1397 年），封建王朝从强化对苗族人民统治的目的出发，在这里屯兵 1500 名，设立镇溪军民千户所，故称所里。清嘉庆二年（1797 年），改镇溪军民千户所为镇溪营，民国 3 年（1914 年）更名镇溪乡，民国 32 年（1943 年）奉命建镇，把镇溪乡改称所里镇。1949 年 11 月，乾城县和平解放，翌年 10 月，县治从乾州迁所里镇。1953 年，成立湘西苗族自治区（1957 年改为"湘西土家族苗族自治州"），所里按苗语语意改名"吉首"。在吉首大桥下面的下渡口，从前有义渡渡送往来百姓。这只渡船据说是杨岳斌捐资修建的。杨岳斌是乾州厅平年寨（今矮寨镇平年村）人，曾任陕甘总督，晋封太子少保，死后加封为勇恪

---

①　李怀苏：《五溪漫话》，湖南大学出版社，2020，第 54 页。

公，人称杨宫保。清光绪十一年（1885 年），他亲自率领"三厅"健儿渡海作战，一举收复被法国侵占的台湾，为祖国统一建立了功勋。杨岳斌晚年回乡，头一件事，就是以其父亲的名义捐资修义渡。随着历史的发展，渡船早已完成了它的使命，然而杨岳斌燃放鞭炮祝贺渡船开渡站过的那块将军岩，还一直留在河边，给后人留下缕缕思绪。在东门坡"一心阁"西侧，有该市最早的留日学生黄召棠修建的"东山草堂"。黄召棠，字聘珍，所里人。清光绪三十二年（1906 年）他自费去日本留学，先习日文，后于宣统元年（1909 年）考入日本鹿儿岛高等农林学校。民国元年（1912 年）学成回国后，黄召棠曾执教于北京农业专门学校、江西省农业专科学校、浙江大学农学院等，任过湖南甲种农业学校校长、江西农事实验场场长。1919 年他在东门坡修建"东山草堂"，将自己从外地带回的茶叶、湖桑、刺槐、桃、杏、铁树、白玉兰等贵重果木树苗，亲手种植于东门坡。现草堂仍在，良种茶叶、刺槐等树木随处可见。①

沱江镇原名镇竿镇。据《凤凰厅志》记载："案苗防备览镇竿东北有坪曰竿子，西北有所曰镇溪，故统曰镇竿。"因沱江河流经此地，1942 年改名为沱江镇。自清代以来，镇台、道台、厅治、县治都设于此。新中国成立后县人民政府仍设于此，是全县的政治、经济、文化中心，湘西的文化名城。自清末以来，文人骚客留下的著述甚丰，沈从文、刘祖春、田家等各有千秋，滕凤藻的《松梅堂诗文集》、田星六的《晚秋堂诗集》、陈渠珍的《艽野尘梦》也在文坛占有一席之地。清嘉庆五年（1800 年），分别在厅城的西城巷、镇辖街、小教场设立义学。教育内容有《四书》《孝经》，清末演变为蒙养学堂或国

---

① 中国人民政治协商会议湘西土家族苗族自治州委员会文史资料研究委员会编《湘西文史资料》第 31 辑《湘鄂川黔边区名镇》，1993，第 1～15 页。

民学校，多数变为私塾。设于沱江镇的敬修书院创建于清乾隆十二年（1747年），原设在县城北门内登瀛街，后改设在道门口，教学内容以八股文为主，还有试帖诗、经史辞赋之类。[①]

泸溪县浦市，是沅江西岸一个古老小镇。狭窄的街道铺着石板，码头上停泊着稀疏的船只。谁能想到，这里曾一度是沅江中上游最大的商埠。浦市初建于河东，元大德三年（1299年）就设立了千户所。随着滇黔中央驿道的开通，这里的经济日渐繁荣。后来由于东岸地势狭窄，秋冬枯水时码头不便泊船，市镇便逐渐迁到西岸。至今在河东还依稀可见原先街道遗存的石板路。清初，迁移到沅江西岸上的浦市进入鼎盛时期。康熙二十六年（1687年），礼部行人司行人徐炯自云南公务返京，取道沅江。他在《滇行日记》中，记述洪江是"烟火万家，称为巨镇"，而记述浦市则为"廛舍稠密，估舶辐辏，十倍于洪江"，足见当时浦市的市镇规模。浦市的繁荣，是由于沅江中上游的木材、桐油、白蜡等货物在此集散，更是因为浦市附近的五斤坡开办了炼铁厂。乾隆年间，浦市出现了以冶铁起家的瞿、唐、康、杨四大家族。十三省客商先后在浦市建立了会馆。浦市以它强大的经济实力，控制着沅江中上游的经济命脉。[②]

王阳明沿着途经沅江流域的滇黔驿道前往龙场。回归途中，王阳明再次来到辰州。在龙兴讲寺见到前来拜谒的门生冀元亨等人。王阳明开设了讲坛，当地名士蒋信、唐愈贤等人，前来与他论道。王阳明宣扬他在龙场悟到的"良知之学"，令人耳目一新。沅江中游各支流的开通利用及苗疆边墙修筑无疑都是明清时期湖南苗疆区域开发中带有整体意义与结构性质的历史过程。这一历史过程，也正是王朝

---

① 中国人民政治协商会议湘西土家族苗族自治州委员会文史资料研究委员会编《湘西文史资料》第31辑《湘鄂川黔边区名镇》，1993，第73~75页。

② 李怀苏：《五溪漫话》，湖南大学出版社，2020。

国家力量逐步渗透的过程，无论是区域内府州厅县及卫所塘汛的渐次设置，还是"改土归流"政策下苗疆地区"土流并治"的制度性安排，背后无不饱含不同人群关系的复杂互动和利益平衡。而正是这种人的因素的活跃性，成为我们今天去认识区域建构过程的基本着眼点；在某种意义上，人的活动、人的流动赋予了通道实质性内涵，而在此过程中人的活动及其留下的历史印记，构成了我们可从文化上把握的民族走廊。①

湘西"苗疆"不管是军户，还是民户，均具有吃苦耐劳的精神。明清以来外来农作物的推广，促进了民族迁徙频繁，各民族分布可谓"犬牙交错"，因语言、文化习俗不同形成了西南山地文化的多样性。外来汉人与"苗疆"少数民族共同开发大湘西地区，民族之间的市场交换、社会交往，打破了山地民族长期封闭隔绝的状态，从而促进了民族之间的经济、文化甚至血缘的融合。大湘西地区的沅江中游区域，各民族交往交流交融、各民族相互嵌入的社会结构，推动了中华民族共同体发展。

（二）沅江中游地区逆水行舟、吃苦霸蛮的精神特质

沅江中游山地人能吃苦耐劳，人们长期生活在山地丘陵，继承了祖先开荒拓地的吃苦精神，同时也重视文化，注重子女的教育。沅江中游一带在明清时期就建有大量的书院，为人们重视文化的反映。山地丘陵的艰苦生活练就了中游山地人"霸蛮"的精神特质。中游山地人在困难面前，往往不回头，认准了一定要坚持下去，俗话说能"霸蛮"。

---

① 张应强：《通道与走廊："湖南苗疆"的开发与人群互动》，《广西民族大学学报》2014年第2期。

被称为"五溪"的沅江中上游，滩多水险，舟楫往来艰难。旧有"三垴九洞十八滩，处处都是鬼门关"的歌谣，堪为其真实写照。说起沅江的险，其险在纤道。旧时，船只逆水而行时，靠的是纤夫的拉拽。纤夫们将各自的搭带，搭扣上船只的纤绳，合力拉拽着船只上行。平时，每条船都有固定的纤夫。每到险滩处，必有当地苦力在那里等待，为船只加纤。险滩边的纤道，多在悬崖峭壁之上，虽然凿有蹬脚的坑，却因为无处把手，纤夫们常常是有劲使不上。在这种情形下，纤夫们还要奋力把船只拉上湍急的江流，其艰辛可想而知。若是稍有不慎，纤夫们便会连人带纤，如同一摞粽子一样，被拽下激流，纤夫们将这样的惨烈事故称为"提粽粑"。千百年来，沅江上数不尽的纤夫，就这样葬身江中。不知从什么时候起，在沅江岸边的一处处险滩纤道上，出现了一条条附着在峭壁上的铁链，供纤夫们拉纤时把手。这种铁链通常被称为"寡妇链"，且都伴有一个内容大同小异的传说。旧时，沅江诸滩上称为"寡妇链"的铁链甚多，其中最著名的三条，分别在辰溪县境的辰州滩、溆浦县境的父子滩和沅陵县境的瓮子洞。这三处滩边的纤路均极险。其中辰州滩边的纤路称为"望乡台"，即所谓前往地狱的途中有此台，供死者回首，与家乡诀别。这表明此滩凶险，最为令人扼腕。这些被称为"寡妇链"的扶手铁链，在长达数百年的漫长岁月里，曾帮助过无数沅江上的纤夫，使他们得以平安过滩。①

沅江中游河谷平原与盆地形成的地理人格一方面较为强悍，通常称之"蛮性"，这也是湖湘文化的重要组成部分，另一方面又吸收了中原文化的精华，是当地少数民族文化与中原文化融合的结果。这里的人重视家乡和宗族传统，既具有保守性，也具有开放性。做事待人

---

① 李怀苏：《五溪漫话》，湖南大学出版社，2020。

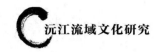

一根筋，重义气，极为豪放，在中国近代史上产生了一批政治家、军事家。

### 三 沅江下游平原水乡形成的地理人格及其精神特质

#### （一）沅江下游地理人格的影响因子

沅江下游处洞庭湖滨，有良好的地理条件。沅江下游所在的常德，东北地势偏低，系冲积平原，素称洞庭湖平原。西北地势稍高，主要是山地，有武陵山脉、雪峰山脉的余脉。沅江南岸大部分地区为丘陵地带，境内沅江绕城而过，沿江上溯可及湘西与川黔东部，顺江而下经洞庭湖入长江，可达武汉、南京、上海等中心城市。由于依山傍水，加上地处北温带，气候适宜，沅江下游滨湖平原物产丰富，尤以盛产稻谷、棉花、鲜鱼等闻名，为"鱼米之乡"。

湖广驿道初开于春秋战国时的楚国，经沅江流域的有两条。一是从楚都郢的纪南城南进，走油江（今湖北公安），入涔阳（今澧县、临澧），经临沅（今常德）、龙阳（今汉寿）、宁乡、长沙，再南向郴州、永州，以通连静（连州属广东，静州属广西）。二是从湖北枝城至广西驿道，也是秦汉时期贯穿湖南南北的干线驿道。其走向是从湖北枝城入澧州，经石门、慈利、张家界、古丈、吉首、怀化、会同、靖州达广西。公元前221年秦始皇发兵50万人攻克岭南时，其中一军就是由此干线进军。①

沅江流域下游的常德古代素称"吴蜀咽喉，滇黔户牖"。其地"左包洞庭之险，右扼五溪之要"，宜攻宜守，兼以盛产稻棉，足资

---

① 常德市地方志编纂委员会、常德市公路管理局编《常德市公路志》，方志出版社，2015，第96页。

军需民用，自古以来就是战略要地。乾隆五十九年（1794 年）《常德府志》序："常德为古名郡，左包洞庭，右控五溪，战国楚黔中地，秦楚争衡，必得黔中以为橐钥；所谓旁摄溪蛮，南通岭峤，从此利尽南海者也。后汉尝移荆州治此，盖外控诸蛮，则州部之内，千里晏然。隋唐以来，益为全楚关键。五季马氏既并朗州，而后屹然雄视，诸镇莫敢与抗矣。盖北屏荆渚，南临长沙，远作滇黔门户，实为控要之躯。"①

　　帝师善卷是常德太阳文化发展史上出现的第一座高峰。据《庄子·让王》、《荀子·成相》、《吕氏春秋·下贤》等诸多典籍记载，在洞庭湖西滨、枉水河畔的上古尧舜时期，出现过一位德才兼备的高士善卷。他日出而作，日落而息，熏化民风，教化苍生，使他所在的三苗、獾兜、盘瓠部落民风淳厚、善良淳朴。帝尧曾以师礼视之，帝舜曾欲禅位于他，大禹曾向他请教治理天下水患之良方，黄帝轩辕氏曾托付他将治国理政的经典秘籍藏于大酉山小酉洞。伟大的爱国诗人屈原曾行吟泽畔，在沅湘写下《九歌》《渔父》《涉江》《远游》《卜居》《怀沙》《招魂》等诸多名篇。屈原居沅湘间，"出见俗人祭祀之礼，歌舞之乐，其词鄙陋，因而作《九歌》之曲"。屈原的艺术成就，创作原型，恰恰是在沅湘常德太阳文化祭祀的艺术氛围中产生，在与"下里巴人"群众性艺术活动底蕴中升华而集大成。②

　　常德的码头分通用与专业两种。专业码头有粪码头、菜码头、油脂码头、谷码头、炭码头、砖瓦石炭码头等，非对口之货不得装卸。货分地段搬运，属于本码头街道的货，由本码头工装卸，他人不得越界搬运。常德与西南地区的商贸关系素来密切。明中叶以后城市经济

---

① 常德市志编纂委员会编《常德市志》，中国科学技术出版社，1993，第 814 页。
② 邢祁：《常德太阳文化探析》，《常德日报》2019 年 11 月 3 日。

发展很快，有"富强甲湖南"之称。乾隆时地方政府开放市场，外地商人纷纷来此经商，更促进了商业、手工业的发展，常德成为西南地区的重要商埠。当时，常德牙行近200家，商铺近万家，外地商人在城内建会馆多达17所。湘西、川黔的桐油、生漆、木材、五倍子、药材、皮毛、水银、丹砂、冰碱、上靛等物资大量从此运出；常德的粮食、棉花、水产、大布、铁器和苏杭绸缎、湘赣陶瓷、京（南京）广杂货等经过此地运至湘西川黔。同治初，常德年进出商货值银3000万两以上，百货、盐、茶厘税超过10万两。[①]

沅江下游商品贸易与市场经济的繁荣，导致人群交往频繁，职业多样化，形成了农商互补的经营模式，一方面形成了滨湖平原人的开放性格和商业智慧，另一方面也形成了勤劳朴实、温柔体贴的文化性格。

（二）沅江下游地理人格决定的精神特质

沅江下游平原水乡形成的地理人格具有"水"的灵性。水利与水患孕育了沅江下游的文化和精神，使平原水乡人充满了灵性，形成了大气、包容、开放的特质，具有很强的灵活性，会办事、能办事，这也和水文化有关。这里的人对任务从来不讲条件，不讲价钱，先接受下来再想办法，这也是受水文化的影响，因为水尽管目标是奔向大海，但遇到山的阻隔，它会想办法绕道，另辟蹊径。

沅江下游平原水乡地理人格和精神特质在于强调集体主义，生性灵活，具有坚强的韧性和灵活多变的思路。近代历史上这里产生了一批杰出的政治家、革命家和科学家，成为湖湘文化的代表。

沅江下游平原水乡河网密布，交通发达，从而形成了开放的性

---

① 常德市志编纂委员会编《常德市志》，中国科学技术出版社，1993。

格。沅江下游平原水乡，一方面连接两湖平原的城市，如武汉、长沙等，另一方面连接云贵高原的山地民族，形成了复合的人文景观。平原水乡的人文艺术也是如此，如常德丝弦音乐的发展，就是清末民初西方音乐和京剧的传入，对常德丝弦音乐的发展产生了一定的影响。艺术的融合，如同滨湖平原人的文化性格，具有"海纳百川"的包容性。

常德精神可以概括为"德行天下，和谐奋进"。具体来讲，表现为以下三点。一是理想主义精神。常德人的理想主义精神集中体现在伟大爱国主义诗人屈原的不朽名篇《离骚》里，体现在蒋翊武、宋教仁、刘复基等革命先驱为实现理想舍生忘死的奋斗里，更体现在东晋大诗人陶渊明笔下的《桃花源记》里。世外桃花源，天人合一，那种意境跟我们传统道教文化一脉相承，所以理想主义的代表人物就是陶渊明。二是英雄主义精神。常德是一座英雄之城。抗日战争时期的常德会战，惊天地、泣鬼神。三是乐观主义精神。过去行船没有动力，逆水行舟靠人背纤，却在艰苦的劳动中创作出了国家级的非物质文化遗产"船工号子"。

沅江下游平原精神特质的理想人格在于追求高尚的道德和洁身自好的形象。受屈原精神的影响，人们追求自由精神，具有不屈服的反抗强权意识。其英雄主义精神特质就来源于理想人格，宁死不屈是其人格特质的表现。沅江下游平原人的灵性则是受水文化的影响，多水的常德，孕育了充满灵性的常德人。老子云"上善若水，水利万物而不争，处众人之所恶，故几于道"。常德人被称为湖南的"犹太人"，可见常德人不是一般的聪明。常德人讨厌太精明的人，认为过于精明就给人以奸猾之嫌疑。他们周身透出的却是一股子灵气。这股灵气，既得之于常德人崇善尚德，"常德德山山有德"，好像有一种不约而同的力量，让常德人都遵循一种规矩，特别看重个人的修身，又得之于

71

他们对教育的重视，素质较高的人群占了大多数，比起湖南其他地方有明显优势。沅江下游水多，水是常德之宝，又是常德之灾。常德人有着光荣的治水传统和抗洪精神，年复一年的抗灾救灾，造就了常德人骨子里的抱团与大胆，体现在常德人的性格特征中，并且成为指导常德人做人做事的重要基因。俗话说"天上九头鸟，地上湖北佬"，后来又加了一句"三个湖北佬，抵不上一个常德佬"，其实这不是说常德人有多狡猾，而是赞扬常德人在外很团结，大家在外发展时总能相互照应。在这一点上，可以说常德人改变了湖南人的这个性格宿命，但凡出来闯荡的常德人比其他地区的湖南人更喜欢"抱团"，他们依靠团体，相互帮衬，做成了湖南其他地方人做不成的事情。①

　　子曰："知者乐水，仁者乐山；知者动，仁者静；知者乐，仁者寿。"沅江下游平原水乡人由"水"之灵，转化为勤劳与乐观的性格。勤劳是平原水乡人最典型的符号，自古以来，沅江下游一带市场发达，沃野千里，经济的繁荣发展与劳动人民的勤劳息息相关。平原水乡人不仅需要付出百倍的辛苦耕耘稻作与经济作物，还要在农闲时修筑防洪堤坝，从事手工业补充粮食作物的不足。平原水乡人几乎没有休闲的时期，农忙时不仅是男人肩挑背驮，而且妇女、老人、小孩齐上阵，共同进行"赶秋"，在秋天到来之前，在最炎热之时进行"双抢"。冬天好不容易等到农闲，男人们必须抽丁维修防洪堤，以备来年洪水，而妇女则要准备一家大小的衣服和过冬过年物资。平原水乡依靠人们的勤劳，促进了经济的发展。整体而言，平原水乡经济发展高于上游山地，但辛苦程度过之。

　　沅江下游平原水乡人勤劳俭朴，但他们非常乐观。乐观精神在于人生观，人类均面临困难和挫折，关键在于不被眼前的失败所困扰。

---

① 刘冰清：《湖南人性格区域差异分析》，《三峡论坛》2016 年第 1 期。

下游平原水乡人面临的困难较多，尤其是天灾人祸，人们的生活较为艰难，正是在艰难的生活中，形成了平原水乡人的乐观精神。

沅江下游平原水乡人文化水平较高，重视教育，父母对子女具有较大的期待。由于平原水乡市场经济发达，平原水乡人还具有商业头脑，即人们所说的精明。不同的地理特征形成了不同的精神特质，沅江下游平原水乡是沅江商贸中心，如常德市一直是沅江干流最为重要的商贸中心，经济繁荣，人文璀璨，在近代史上也涌现一大批杰出的革命家和思想家。

沅江从崇山峻岭的山地民族地区穿过，流经中游河谷平原和山间盆地，最后在下游形成滨湖平原，地理环境差异大，民族众多，从而形成了不同的地理人格及其精神特质。沅江是中国古文明发源地之一，高庙文化表明沅江为中国古文明中心。沅江经过历史的洗礼，越来越发挥重要的作用。沅江不同区域的地理人格及其精神特质彰显了中国多元一体的民族分布格局和各美其美、美人之美的和谐共生文化。

# ‖第四章‖
# 沅江流域文化长廊中的人文胜迹
# 及其价值

沅江绵延悠长，风光秀美，同时，人文荟萃，底蕴深厚。作为一条罕见的文化沉积带，最能够体现其独特而厚重文化的是散布在沅江流域的人文胜迹。人文胜迹与自然景观相对，指的是在历史发展中形成的、与人的社会性活动有关的景物构成的著名景观，包括文物古迹、宗教圣地、古代建筑、摩崖石刻、古驿道等诸多内容。沅江流域的人文胜迹数量众多，形式异彩纷呈，主要有众多的文化遗址、文物古迹、宗教寺庙道观、古驿道、摩崖石刻、古城码头、圩场、水利工程等。这些形式多样的人文胜迹星罗棋布地分布于沅江两岸，述说着历史曾经的辉煌，展示着地域人文的精粹，流贯着世代传承的精神血脉，对于促进沅江流域的精神文明建设及乡村振兴具有重要的价值。

## 一　沅江流域文化长廊中人文胜迹与沅江水渊源

沅江流域文化长廊中的人文胜迹与水有着密切的联系，它们或因水而生，或依水而建，或缘水而造。因为水，它们得以产生；因为水，它们得以存在；水赋予它们以生命，水赋予它们以特质。下面我们主要从因水而生、依水而建、缘水而造三个方面来梳理沅江流域文化长廊中人文胜迹与沅江水之间的渊源关系。

## （一）因水而生的远古文明遗迹

因水而生主要指的是因水而产生的人文胜迹。如散布于沅江流域的古人类遗址就是其中最有代表性的，这也是沅江流域历史最悠久、最有影响的人文胜迹。沅江流域的古人类遗址以及历朝各代的墓葬很多，如果稍加梳理，仅沅江中上游就有打岩坡化石点（新晃）、蛤蟆洞化石出土点（芷江）、荆坪遗址（中方）、龙船坪遗址（洪江市）、小河口遗址（芷江）、高庙遗址（洪江市）、高坨新石器时代遗址（麻阳）、潭坎大地新石器时代遗址（辰溪）、松溪口遗址（辰溪）、征溪口遗址（辰溪）、枫香遗址（溆浦）、高坎垅新石器时代墓葬（中方）、斗篷坡新石器时代遗址（靖州）、社塘坪商代遗址（芷江）、渡头江遗址（会同）、对江田遗址（会同）、马南东周墓群（麻阳）、窑头（黔中郡）故城遗址（沅陵）、武陵郡故城遗址（溆浦）、木马岭战国汉代墓群（沅陵）、江口战国西汉墓（溆浦）、马王城（靖州）宝积城遗址（会同）、架坪窑址（会同）、元墓官庄悬棺墓（沅陵）、红岩坎悬棺葬（溆浦）、铁坡古战场（中方）、窑垅坡窑址（中方），这些文化遗址历史悠久，既有石器时代的，也有秦汉时期的，还有唐宋及元明清时期的，其中有的已经经过考古工作者的发掘，有的还没有完全发掘。值得注意的是，在诸多文化遗址中，最引人瞩目的是石器时代文化遗址，如中方县的高坎垅新石器时代墓葬、靖州的斗篷坡新石器时代遗址，以及以高庙遗址为代表的包括辰溪县的松溪口、征溪口、潭坎大地等遗址在内的贝丘遗址等。根据考古学家的研究，这些遗址历史很久远，距今 6000~8000 年甚至更远。从出土的文物看，主要包括两类器物：一是原始的生产工具；二是简陋的生活用具。如高坎垅新石器时代墓葬出土了砍砸器、刮削器、尖状器以及打制石镰、石片和夹砂红陶釜、罐等大量残片；斗篷坡新石器时代遗址出土石器有斧、凿、刀、箭镞、碾棒等，陶器有簋、罐、釜、盆、盂、壶、豆、杯、碗、瓶、纺轮及支撑等；在高庙文化遗址中出土文物1000余件，其中就有大量的打制石器，如石片等，以及磨制石斧、刀、锛、凿、砧及石棒、石杵，还有骨器如骨针、骨锥，陶器有罐、簋、盆、钵、支座等。这些出土文物，带着深深的人类生活的痕迹，证明了早在 7000 年前，人类就曾经在沅江流域这块土地上繁衍生息。沅江的存在为这片土地的人类繁衍提供了前提。因为水是生命之源，人的生存首要前提是需要水的滋润。同时，有水的地方，往往是生物繁殖最为活跃的地方，在江水中繁衍的鱼虾螺蛳以及两岸自然而生长的果蔬都为人类的生存和繁衍提供了丰富的养料。同时，江水的两岸因为水的滋润，百草丰茂，生态绝佳，也为人类生存与繁衍提供了绝佳的生态环境。

（二）依水而建的古代建筑名胜

依水而建的文化胜迹从大的方面来说，主要有沅江两岸的古村、古镇、古城。沿着沅江及其支流，我们几乎随处可见风格各异、含蕴丰富的古村、古镇、古城，其中有代表性的如凤凰县的凤凰古城（沱江镇），龙山县的里耶古城（里耶镇）、洗车河镇，永顺县的王村（芙蓉镇）、老司城，泸溪县的浦市镇，花垣县的边城茶峒（边城镇），吉首市的乾州古城（乾州镇），怀化市的洪江古商城、黔阳古城、高椅古镇、沅州古城（芷江）等。这些古城、古镇、古村凭水而建，傍水而立，与江水有着深厚的渊源。有水就有人类的聚集。有人类的聚集，就有了村寨、镇子，当村镇规模发展到了一定的程度，便形成了城市。从中国乃至世界城市建设的历史看，大河、大江两岸特别是江河交汇处，往往是城镇形成主要选择地。特别是随着水运的发展，这些城镇往往成为商贸集散地，更加促进了城镇的繁荣与发展。如洪江古商城位于巫水与沅江的交汇处，是沅江流域享有盛誉的古商城。从历史上看，洪江古商城起源于春秋，成形于唐朝，鼎盛于明、清。最初只是一个小村落，但是因为其得天独厚的地理位置和水运条件，元末已成为湘黔交界处的大圩场及湘西南重要的驿站和商埠，以集散地方土特产如茶油、桐油、木材、白蜡、工艺制品等闻名于世。明、清时已成为湘西南物资集散地及商贸重镇，有"五省通衢"之誉。洪江古商城就是依靠沅江发展起来的。随着历史的发展，这些在历史上曾经享有盛誉的古城镇、古村落业已成为令人流连忘返的人文胜迹，每一座城、每一个镇、每一所村，都是一座座丰富的民俗和建筑博物馆，都有一段难忘的往事，都承载着如烟如梦的乡愁，都是一本厚重的书籍，所到之处，都会让人获得不一样的体验和感受。

　　如果从小的方面而言，依水而建的人文胜迹则有古码头、古建筑以及寺庙、亭阁、塔楼等。这些码头、古建筑以及寺庙、亭阁、塔楼既是古村、古镇、古城的重要组成部分，同时又具有独立而鲜明的审美品质和文化内涵。

　　先来看码头。在沅江流域的古城、古镇、古村，码头一般都是最有代表性的景观。码头既承载着货物卸载、人客上下的功能，也是古城、古镇、古村与江水联系的通道与纽带，与江水有着直接的联系。沅江流域的水运码头很多，尽管时至今日，随着水运的衰落，码头也在萎缩、凋敝，但是我们从大量尚存的码头遗址中，仍然依稀能够感受到当年的繁盛。如被誉为沅江流域"三大码头"之一的新晃的龙溪口码头，位于湘黔交界的㵲水河畔，是中原通往西南的重要通道，也是黔东南重要的物资集散地。当年的龙溪口码头由万寿宫码头、沅州码头、大码头所组成，三个码头位于龙溪口上、中、下游，主要装卸大油号的桐油、布匹、农副产品等货物。沅州码头位于万寿宫码头下游几十米，专门停泊由毗邻的芷江上来的船只。大码头位于沅州码头下游十几米远，传说由"禹王宫"出钱所修，是专门用来摆渡的人客码头。当年的龙溪口码头物资丰富、商贾云集、过尽千帆、熙熙攘攘、热闹非凡，十分兴盛。码头的繁荣也带动了城市的繁荣。目前，码头的功能已经萎缩，昔日的繁荣也随着时代的发展而逝去。但是，我们从遗存的残垣断壁中依然能够感受到当年的繁盛。

再如，位于沅江中游的浦市镇。浦市镇是一座因军事而起、因商业而兴的历史古镇，也是沅江流域享有盛誉的大码头。相传，历史上的浦市有 3 条主商贸街、45 条巷弄、6 座古戏台、23 座货运码头，10 里长的古城墙和 12 座城门以及大量形式各异、风格别致的古建筑，是沅江流域重要的物资集散地。但是，与龙溪口码头一样，早在 20 世纪 30 年代，浦市就业已衰落。对此，沈从文先生在《湘行散记》中就曾经有过记载：

> 小船到达我水行的终点浦市时，约在下午四点钟左右。这个经过昔日的繁荣而衰败了多年的码头，三十年前是这个地方繁荣达到顶点的时代。十五年前地方业已大大衰落，那时节沿河长街的油坊，尚常有三两千新油篓晒在太阳下，沿河七个用青石作成的码头，有一半还停泊了结实高大四橹五舱运油船。此外船只多从下游运来淮盐，布匹，花纱，以及川黔边区所需的洋广杂货。川黔边境由旱路运来的朱砂，水银，苎麻，五倍子，莫不在此交货转载。木材浮江而下时，常常半个河面皆是那种大木筏。本地市面则出炮仗，出印花布，出肥人，出肥猪。河面既异常宽平，

码头又特别干净整齐，虽从那些大商号里，寺庙里，都可见出这个商埠在日趋于衰颓，然而一个旅行者来到此地时，一切规模总仍然可得到一个极其动人的印象！街市尽头河下游为一长潭，河上游为一小滩，每当黄昏薄暮，落日沉入大地，天上暮云为落日余晖所烘炙，剩余一片深紫时，大帮货船从上而下，摇船人泊船近岸，在充满了薄雾的河面，浮荡的催橹歌声，又正是一种如何壮丽稀有的歌声！①

从沈从文的描述中，我们不难感受到他对浦市的衰落表现出的无限感慨。

再来看寺庙、亭阁、塔楼。沅江的寺庙、亭阁、塔楼星罗棋布，主要有凤凰寺（沅陵）、龙泉寺（沅陵）、龙兴讲寺（沅陵）、明月寺（沅陵）、同天寺（麻阳）、江东寺（辰溪）、大兴禅寺（洪江区）、伏波宫（中方）、马援庙（沅陵）、盘瓠庙（麻阳）、大酉观（辰溪）、回龙观（靖州）、白衣观（通道）、龙头庵四官庙（辰溪）、伏波宫（辰溪）、天后宫（芷江）、飞山庙（靖州）、文庙（溆浦）、文庙（洪江市）、文庙（芷江）、武庙（靖州）、忠烈祠（洪江市）、林氏先祠（忠义侯祠，靖州）、奎星阁（辰溪）、奎文阁（芷江）、镇江阁（新晃）、兵书阁（通道）、芙蓉楼（洪江市）、梓潼宫（靖州）、招屈亭遗址（溆浦）、慕义亭（溆浦）、石凉亭（培元亭，新晃）、孝义坊（中方）、梓坪节孝坊（溆浦），这些寺庙亭阁、塔楼历史悠久、形态各异，主要有以下几类。一是为了纪念历史上的先贤或英雄人物。如纪念屈原的招屈亭（溆浦），纪念马援的伏波宫（中方）、马援庙（沅陵），纪念杨再思的飞山庙（靖州），纪念唐代诗人王昌龄的芙蓉

---

① 沈从文：《湘行散记》，当代世界出版社，2019，第 46～47 页。

楼（洪江市）等。二是宗教寺庙及道观。沅江流域的宗教信仰比较复杂，既有原始的族群图腾崇拜，也有本土化的巫傩崇拜，还有儒、释、道信仰。不同类别的宗教崇拜均有体现其宗教内蕴的物象，如体现苗族族群崇拜的盘瓠庙、佛教的寺庙、道教的道观等，这些体现宗教信仰的人文胜迹数量最多，也最有特色，有些甚至在国内还很有影响。洪江的大兴禅寺，辰溪的江东寺、丹山寺、大酉观等均属于此类。如大兴禅寺原为嵩云庵，位于现在洪江区嵩云山山麓，为无意禅师于明正统年间初创。清道光十七年（1837年）正月初七毁于火，同年，洪江十会馆捐资重建。寺庙规模宏大，占地面积为2500平方米，整个建筑气势雄浑、雅致壮观、古朴庄重，为湘西著名的佛教圣地。江东寺位于沅江东岸，浦市镇对面，始建于唐代，原在泸溪县浦市天云山，名"浦峰寺"，又称石林精舍。晚唐时，武宗"会昌灭法"，佛寺大多被毁。浦峰寺地处偏僻，幸免毁坏。宋元祐年间，按原制迁今地。殿中有木雕自动"转轮藏"，藏分上下两层，制作精巧，转动时发出隆隆声响，千米之外可闻，为我国寺庙中所罕见。丹山寺位于辰溪钟鼓山的悬壁。沈从文的《湘行散记》中曾经描述丹山寺：

> 半山有个壮丽辉煌的庙宇，名"丹山寺"，庙宇外岩石间且有成千大小不一的浮雕石佛。太平无事的日子，每逢佳节良辰，当地驻防长官，县知事，小乡绅及商会主席，税局一头目，便乘小船过渡到那个庙宇里饮酒赋诗或玩牌下棋。在那个悬岩半空的庙里，可以眺望上行船的白帆，听下行船摇橹人唱歌。①

---

① 沈从文：《湘行散记》，当代世界出版社，2019，第54页。

三是为了尊崇儒教、弘扬文教事业而建的文庙、书院。如沅陵的龙兴讲寺等。龙兴讲寺位于沅陵县城西虎溪山南麓、沅江边上，始建于唐贞观二年（628年），乃奉敕而建。据史料记载，明景泰三年（1452年）、嘉靖四十年（1561年）、万历二十三年（1595年），清康熙二十六年（1687年）、乾隆十五年（1750年）、乾隆二十三年（1758年）、光绪二十九年（1903年）均有拓建或修葺。寺依山势而筑，坐北朝南，中轴线上依次为头山门、二山门、过殿、天王殿、弥勒殿、大雄宝殿、观音阁，左右两侧建有旃檀阁、弥陀阁、黔王宫及东西厢房等，占地面积为1.5公顷。头山门为牌楼式建筑，三间，硬山顶，中门拱出，上额书"龙兴讲寺"，旁嵌有"唐三藏"图砖雕。入山门登20级石阶为过殿，广深3间，硬山式，原祀哼哈二将，今已不存。又20级台阶为天王殿，五开间重檐悬山式建筑，原供四大天王，殿内存清代碑记四方。其后为弥勒殿，供弥勒佛和韦驮菩萨，倚殿前檐建牌坊门楼，中开拱门，上额有"敕建龙兴讲寺"竖匾，旁嵌圆纹砖雕。大雄宝殿为主体建筑，许多构件为唐宋之遗存，正南向北，面阔5间，进深4间。明间重檐歇山顶，两稍间则用硬山顶。殿内共有大木柱24根，8金柱用香楠制作，上下小，中间大，成梭柱形式。柱身附有彩绘图案，两端有卷煞，柱下嵌鼓形木质柱础，再置石础。石础为莲花覆盆状，系唐代遗存，镌艺精湛，弥足珍贵。殿的明间特别大，次间加稍间还不及其宽。殿内天花板梁架上为"穿豆式"。殿前用东西阶基较低，正前二重檐之间悬挂着"眼前佛国"的木匾，为明崇祯年间礼部尚书、书画家董其昌题写的摹刻品。观音阁为三重檐歇山式，面阔3间，原菩萨已圮，现供观音为新塑。东西两侧的旃檀阁和弥陀阁等，均为重檐歇山式建筑。寺院建筑布局严谨，殿阁逐次依山势高出，气势磅礴，雄伟壮观。明王阳明曾寓此讲学，并有《辰州虎溪龙兴寺闻杨名父将到留韵壁间》一首："丈藜一过虎溪头，何处僧房是惠休？云起峰头沉阁影，林疏地底见江流。烟花日煖犹含雨，鸥鹭春闲欲满州。好景同来不同赏，诗篇还为故人留。"寺右侧有黔王宫戏台，飞檐翘角，建筑精美，与古寺建筑群连为一体。龙兴讲寺虽经历代多次修葺扩建，但仍保持唐时建筑风格和装修艺术，被誉为"江南第一古刹""禅林胜迹"，为湖南省重点文物保护单位。①这些寺庙亭阁、塔楼建筑风格别致，耸立在沅江边上，亭阁相衬，山水相映，成为沅江两岸亮丽的风景。

（三）缘水而造的人文景观

沅江流域还有许多缘于水而建造的人文景观。一是悬崖峭壁上的摩崖石刻。沅江奔腾于武陵山与雪峰山的崇山峻岭之间，独特的地势使沅江两岸多悬崖峭壁，文人墨客则在其上凿刻文字，成为著名的摩崖石刻。如丹山摩崖石刻群（辰溪）、龙头庵摩崖石刻（辰溪）、杨柳江摩崖造像（溆浦）、禹王碑（溆浦）、燕子岩石刻（芷江）、大溪沟石刻（新晃）。在诸多的摩崖石刻中，规模较大、最有代表性的为丹山摩崖石刻群（辰溪）。在钟鼓洞内外石壁上，17 幅摩崖石刻诗文赫然入目，部分字迹依稀可见，每幅石刻大小不一，字体不同。石刻诗文内容有描摹古辰阳奇山异水的，有描摹大酉山、钟鼓洞及沅江风光的，有触景生情，托物言志的。据考证，诗文作者以明代哲学家、兵部尚书王守仁，明太仆寺少卿满朝荐、明代御史薛瑄、明代将军邓子龙、清乾隆宰相傅桓、清代湖广总督林则徐手迹尤为珍贵。令人惊奇的是，所有石刻均悬于半壁上，离崖顶80余米、河床30余米。这些嵌入石崖、悬于半壁的石刻字体各异，有隶书、楷书、行书，而以隶书、楷书居多。隶书则点画圆整、端庄秀丽，一撇一捺，动中有

---

① 王邦杰主编《湖南古今名胜词典》，湖南科学技术出版社，2010，第721～722页。

静，结构宽博，意态浑然。楷书则字体方正，沉稳严整，气度恢宏，与沅江两岸风景相得益彰。二是在悬崖上开凿的纤道。沅江地势险要，滩多浪激，在水运时代，船工排夫为了完成物资运送任务，必须要在激流中斗巨浪、战险滩，甚至不惜牺牲宝贵的生命。于是，作为辅助船工排夫的纤道便应运而生。沅江的纤道大多位于浪激滩险的悬崖边上，为人工所打凿，弯曲的纤道在悬崖边缭绕，形成一道独特的风景，而纤道的背后却隐藏着一个个令人心悸的动人故事。三是新中国成立后修建的大型水利工程。沅江水量丰沛，落差很大，是建造水利工程的理想之地。新中国成立以后，国家为了充分利用沅江的水资源造福人类，对沅江实行梯级开发，修建了 20 余座大中型水利工程。如位于沅江上的五强溪电站，将宽阔的沅江拦腰截断，气势磅礴。同时，以五强溪电站及水库水面为依托，形成由亚热带独具魅力的河流、人工湖、沼泽和环湖森林所组成的，包括五强溪水库水面及其周边消长带、酉水及其河岸、入库溪流、五强溪下游沅江段和岩屋潭水库，呈狭长型走廊的湿地—森林复合生态系统，是湖南省现有 13 个国家级湿地公园中湿地面积最大的公园，也是世界自然基金会确定的全球 200 个具有国际意义的生态区之一；而沅江支流酉水上的凤滩电站，建造于雄峙壁立的酉水峡谷之间，高大宏伟，"截断武陵云雨，嵌锁酉水咽喉"，有混凝土空腹重力坝、坝内厂房、溢洪道、放空兼泄洪底孔、灌溉涵管及过船、过木筏道等建筑，形成以发电为主，兼有防洪、灌溉、航运、过木和养殖，集多功能于一体的水利枢纽，是我国自主建造的第一座空心主体的电站。凤滩电站巍峨壮观，气势磅礴，泄洪防水之时，惊天动地、一泻千里，给人"疑是银河落九天"的感觉，形成了"高峡出平湖"的壮丽景观，是沅江流域缘水而造的人文胜迹。面对此境此景，不得不感叹人类的力量与智慧！

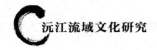

## 二 沅江流域人文胜迹的历史文化价值和时代价值

时光荏苒，岁月悠悠。经过时光和岁月的淘洗，沅江两岸的繁华已经成为历史，而唯有这些以不同形式存在的人文胜迹，无声地记录着千百年来沅江流域人类繁衍生息的深厚足迹，记载着沅江流域两岸所发生的重大历史事件，承载着他们的宗教信仰、英雄崇拜以及审美追求，彰显着他们征服自然、改造自然的奋斗精神，这些人文胜迹对于促进武陵山片区的脱贫攻坚、乡村振兴起着重要的推进作用，具有重要的历史文化和时代价值。

### （一）为研究沅江文化提供真实鲜活资料

近年来，随着长江经济带发展、黄河流域生态保护和高质量发展成为重大国家战略，对于流域文化的研究日益引起学界的重视。沅江流域作为中原通往西南的重要通道，素有"滇黔门户""黔楚咽喉"之美誉，在中华文明的发展历程中具有十分重要的地位。对于沅江流域政治经济文化及社会发展的研究，不仅对湖湘文化的研究，同时对中华文明的研究也同样具有重要的意义。要研究沅江流域的文化，固然需要大量的文献资料，而这些自古以来留存的人文胜迹为研究沅江流域文化提供了更加直接、更加鲜活的实物资料。如在高庙文化等贝丘遗址中，考古工作者历时30余年时间，发掘出了中国历史上最早的装饰有凤鸟、兽面和八角星的陶器、白陶制品以及玉璜、玉玦等精美玉器，出土了部落首领夫妻并穴墓和四人合葬墓等重要遗迹。据湖南省文物考古研究所贺刚教授等专家研究，高庙文化所反映出的区域文化特征十分鲜明：从时间上看，沅江流域文化历史悠久，早在7800年前即有古人类在此繁衍生息；从居住环境看，当地的居民多选择依山傍水，居住地大多选择在沅江干流两岸的一级台地上；从出土的大量石器加工工具、淡水螺以及贝壳、鹿、猪、牛、熊、獾、象等数十种水陆生动物骨骸和植物遗存看，当时人类获取食物的主要手段为以渔猎和采集为主的攫取式的经济方式；出土的距今 7000 年左右的一处规模巨大，牲祭、人祭、窖祭与议事会客场所俱全的大型祭祀场，表明当时的居民面临自然的变幻莫测和疾病、灾难、死亡的威胁，自然而然产生了对自然神灵的敬畏，由此而产生了对自然神灵的崇拜和敬仰等宗教行为。从位于酉水河畔的里耶古城所发掘出来的 36000 多枚秦简中，我们可以了解到秦洞庭郡迁陵县包括户籍、土地开垦、物产、田租赋税、劳役徭役、仓储钱粮、兵甲物资、道路里程、邮驿里程、刑徒管理、祭祀先农以及教育、医药等各方面的内容；从老司城遗址的考古发掘中，可以了解到湘西一带沿袭多年的土司制度，它完整地反映了土司制度的产生、发展和消亡的全过程，为研究土司制度提供了物化载体；从各类宗教景观中，可以了解到沅江流域丰富多彩的宗教信仰；从诸多崇祀马援的"伏波庙""马援庙"中，可以感受到沅江流域的百姓崇拜英雄的心理；从位于湖南省永顺县王村镇、立于后晋天福五年（940 年）的溪州铜柱，可以了解到天福四年南楚王马希范遣静江军指挥使刘勍等率部征讨溪州刺史、当地首领彭士愁，并盟誓议和罢兵的史实。

（二）为当代建筑艺术的繁荣发展提供借鉴

沅江流域建筑形式多样，异彩纷呈，有屋宇、寺庙、塔楼、桥梁等，这些建筑风格别致、中西合璧、南北融合、独运匠心，无论是总体规划设计，还是微观局部的雕琢，都独具特色，凝聚了民间匠人的智慧与创造力。在选址上，由于沅江流域山高水险、地貌环境复杂多变，各类建筑无一不是巧妙地运用山形水势进行建造，或依山而建，或傍水而生，与周围自然环境和谐共生，融为一体，体现了高超的建造技艺。在建筑布局上，沅江流域建筑地处偏远，受中原主流文化的影响较小，虽然总体布局上效仿礼制建筑，但是更加自由灵活。教堂建筑规模较小，布局自由，造型活泼，局部点缀西方古典建筑的符号，具有中西合璧的特点。其他公共建筑和民居建筑一般随山就势布置，结合风水、生产和防御要求，形成一定的空间秩序，是沅江流域居民在长期生活过程中的智慧结晶。在建筑构件上，沅江流域独特的地理位置、气候条件和社会环境，形成了能防火防盗的马头墙、遮阳避雨的檐口、通风透气的窗户和固定内柱与外墙的蚂蟥攀等建筑构件，各部分构件工艺精湛。马头墙高低起伏，层次分明，韵感十足，与大自然融为一体。檐口形式多样，使建筑立面富于动感。窗户的处理手法巧妙而娴熟，形式各种各样，有花窗、隔扇窗和直棂窗，窗框有正方形、长方形、菱形、多边形和圆形等。扇窗饰有简洁明快的风车、回纹、方格、冰裂纹等纹样，并雕以海棠、牡丹、石榴、花瓶、喜鹊、人物等各式图案。蚂蟥攀为铁质构件，从山墙外侧穿入，牢牢捆在室内柱子上部，使山墙与木构架紧密相连，起到稳定墙身、加强建筑整体刚度的作用，并在外墙形成精美的图案。如位于会同县的全国重点文物保护单位高椅古村落，现保存有自明洪武十三年（1380年）到清光绪七年（1881年）连续500年修建的古民居104栋，总建筑面积14416平方米。其建筑的规划设计遵照《周易》阴阳五行学说，整体布局呈梅花状排列，巷道与封闭式庭院呈"八卦"阵式。从建筑结构看，古民居多为木筑、干栏穿斗式结构。建筑装饰十分华丽精巧，雕刻的门窗槅扇，或龙腾凤舞，或花鸟虫鱼，或人物故事，匠心独具，技艺精湛。现保存上千幅丹青、墨宝、石雕、石刻、石碑等艺术品，多为明清原物，具有很高的文物价值和欣赏价值，是研究我国古代建筑艺术的重要实物资料，对于促进当代建筑艺术的发展起到重要作用。

（三）对于促进精神文明建设具有重要的现实意义

沅江流域的文化胜迹具有丰富的内涵，附着了深厚的文化底蕴和文化精神。

一是忧国忧民、舍身社稷的爱国主义精神。战国时期楚国的诗人、政治家屈原是中国历史上为人们所熟知的人物，他博闻强识，志向远大，早年深得楚怀王的信任，担任过楚国的左徒、三闾大夫，兼管内政外交大事，后来遭到贵族的排挤毁谤被先后流放到汉北及沅湘一带。秦将白起攻破楚国郢都后，屈原自沉于汨罗江，以身殉国。屈原是中国历史上第一位爱国主义诗人，他的诗作《离骚》《九歌》《九章》《天问》，以及"长太息以掩涕兮，哀民生之多艰"等诗句都深刻地表达了他对国家与百姓的深深眷恋和关切，同时，作为政治家，他矢志不渝地追求自己的政治理想，"路漫漫其修远兮，吾将上下而求索"，提倡美政，对内主张举贤任能、修明法度，对外力主联齐抗秦。屈原死后，沅江两岸的百姓自发修建了"招屈亭""祭屈亭"等建筑物来纪念这位伟大的爱国主义诗人。再如，东汉的著名将领马援于东汉建武二十四年（48年），出兵沅江，病殁于沅陵县壶头山。马援胸怀朝廷社稷，为了国家，南征北战，最后马革裹尸，战死沙场。他的身上，集中体现古代武士英勇尚武、奋不顾身的精神。沅陵壶头山上有"伏波宫"，相传马援进军途中曾屯兵于此，故后人立庙以祀。殿宇坐南朝北，由前门、碑廊、正殿三部分组成。门口有清末文人易顺鼎所撰对联："四十里雪浪飞来，淘尽千古英雄，有鸦阵神兵伏传部曲；八千将云台在否，赢得五溪祠庙，与羊裘皓首分占江山。"[1] 碑廊上刊刻汉代伏波将军马援功绩。殿前东墙镶有明代万历四

---

[1]　王邦杰主编《湖南古今名胜词典》，湖南科学技术出版社，2010，第356页。

十五年（1617 年）《重建伏波马侯王祠碑记》。这些均表现出民众对马援丰功伟绩的祀崇。

二是不畏艰险、不屈不挠的奋斗精神。沅江滩多浪险，在征服沅江、改造自然的过程中，孕育出了不畏艰险、不屈不挠的奋斗精神。如"寡妇链"的建造就是这一精神的体现。沅江险滩众多，而大多在沅陵境内，尤其是瓮子洞一带最为险恶。瓮子洞是一条有水洞的险滩，滩虽不长，但湾中有险，稍不注意，就要掉下丧命。相传当地百姓因缺田少地男人多做纤夫，因过滩失足，大多死于非命，留下一村寡妇，遂更名为"寡妇村"。为了使更多的纤夫保全性命，寡妇们节衣缩食、四处筹款，并会同乡贤建造了"寡妇链"，这就是"寡妇链"的由来。据《沅陵县志》载："瓮子洞，县东百八十里，形如廪，水声如瓮响，沿江岸峭壁深潭，昔无纤路。明百岁翁廖善人汉文制铁索数百丈，凿孔系索，舟行始利。清道光年间，铁索俱折毁，知府方传穆出里人黄凤善前捐铁二千余斤，并捐廪若干，谕庠生许文耀董其事，重制铁索数百丈，雇石工凿纤路，较旧倍宽，越数月工始竣，行者称便。"今尚存约 2000 米长寡妇链、1 米宽的纤道及蜂窝孔、穿壁铁环等遗迹，也是沅江流域一个重要的人文胜迹，其前赴后继的建造历程充分彰显出了不畏艰险、不屈不挠的奋斗精神。①

三是精雕细刻、精益求精的工匠精神。沅江流域是一个艺术的宝库，异彩纷呈、精湛的艺术品凝聚着广大民间艺人的心血和智慧，如沅江流域的雕刻手法，不仅用于庙宇、祠堂等公共建筑中，也广泛用于民居建筑中。各种雕刻技法、刀法运用得自然且熟练，造型线条流畅圆润，刀工娴熟。雕刻题材丰富多样，有花草、虫鱼、鸟兽、器物、人物等，不同的题材表达不同的寓意。雕刻图案或精美或朴拙，

---

① 蒋响元编著《湖南古代交通遗存》，湖南美术出版社，2013，第 61 页。

工艺极细，无不形态逼真、栩栩如生，尽显别致风韵和细腻之美。屋顶两头翘起的飞檐，层层叠叠，营造出雄壮的气势和轻快的韵味，天然的石料、木材、青砖和灰瓦，与自然浑然一体，表现出他们精雕细刻、精益求精的工匠精神。在建筑装饰上，雕刻精美，丰富多样；飞檐翘角，轻盈美丽；青墙灰瓦，高低起伏。在色彩运用上，没有太多人为的加工，表现出天然材料的色彩和自然之美。注重原始木材的纹理和光泽，根据木材的肌理来做造型，起到独特的装饰作用，使自然和艺术结合在一起，产生一种天然的艺术之感，体现了民间匠人精湛的雕刻技艺。

四是崇文明德、尊师重教的人文精神。沅江流域虽处古代的"蛮夷之地"，却是文化昌盛的渊薮，自古以来，沅江流域各地即有崇文明德、尊师重教的传统。在我国文化词典里，"学富五车，书通二酉"形容人的知识丰富、学识渊博。如唐代陆龟蒙《寄淮南郑宾书记》诗就写道："记室千年翰墨孤，惟君才学似应徐。五丁驱得神功尽，二酉搜来秘检疏。"① 实际上，"二酉"就位于沅江边上，是大酉洞和小酉洞的合称。其中，大酉在辰溪，小酉在沅陵。清康熙年间，时任沅陵县学教谕张佳晟在《游小酉山记》中就曾有言："大小酉并称，大酉在辰溪，小酉在沅陵，图史载甚悉，何未之辨也！"② 目前，大小酉两个藏书洞均在沅江流域，成为重要的人文胜迹，为世人所敬仰。书籍是文化的载体，在中华民族五千年漫漫历史长河中，藏书是一种十分重要的文化现象，也是中华文明得以薪火相传的重要途径，"二酉藏书"表现出崇尚文典、延续文脉的精神。同时，自明清以来的历代

---

① 〔金〕元好问撰，〔元〕郝天挺注：《唐诗鼓吹》卷三，《四库全书》第 1365 册，上海古籍出版社，1987，第 412 页。

② 〔清〕席绍葆、谢鸣谦等修纂《乾隆辰州府志》，载《湖湘文库》甲编 320，岳麓书社，2010，第 666 页。

地方官及贤达人士，均注重兴办学校来教化百姓、开启明智，在沅江流域，书院林立是一个重要的文化现象。如清乾隆二十六年（1761年）知县卢九云于大酉山麓重建大酉书院，书院讲堂正中悬挂着湖南布政使许松诘所书"敦崇实学"的匾额，以激励学子潜心学问，身体力行。乾隆四十六年（1781年）又由知县佴兆凤迁至城内的学宫右边，这里因为双溪之水环抱，取名双溪。嘉庆八年（1803年）知县赵文在又复名"大酉"。赵文在在道光二年（1822年）的县志序文中写道："大酉本藏书地，为辰邑胜区，书院以大酉名，又肄业其间者之当顾名而思，以争相砥砺，彼地之迁，名之易庸有当乎？余于是复公廨为书院，额大酉名，捐资以助膏火，延师以课弦诵。"① 道光九年（1829年），邑绅刘荣批又迁建于县署右。光绪二十八年（1902年）改为校士馆。大酉书院虽经历多次迁徙，甚至还改过名称，其"敦崇实学"的办学理念却一以贯之，对于砥砺学子、开启民智起到了重要的作用。类似的书院、文庙，有靖州的鹤山书院、沅陵的龙兴讲寺（虎溪书院位于寺旁）、黔阳（今洪江市）的宝山书院、芷江的明山书院、溆浦的卢峰书院等，以至于直至当今，书院依然起到以文化人、传播文明的作用。

（四）对于文旅融合、带动乡村振兴具有重要的促进作用

党的十九大以来，以习近平同志为核心的党中央高瞻远瞩，将解决"三农"问题作为治国理政的重要发展战略。在全面完成脱贫攻坚任务的基础上，又提出了乡村振兴战略。2018年1月2日，国务院公布了2018年中央一号文件《中共中央国务院关于实施乡村振兴战略

---

① 《道光辰溪县志》，载《中国地方志集成·湖南府县志辑（60）》，凤凰出版社，2010，第234～235页。

的意见》。2018 年 9 月，中共中央、国务院下发了《国家乡村振兴战略规划（2018~2022 年)》，提出"产业兴旺、生态宜居、乡风文明、治理有效、生活富裕"的二十字总方针。实施乡村振兴战略是建设社会主义现代化经济体系的重要基础，是传承中华优秀传统文化的有效途径，是建设美丽中国的关键举措，是健全现代社会治理格局的固本之策，是实现全体人民共同富裕的必然选择。人文胜迹是宝贵的文化资源，充分挖掘和利用这些文化资源对于乡村振兴具有十分重要的意义。对此，我们可以从三个维度来加以阐释。一是可以大力促进文旅融合。在乡村振兴战略中，产业兴旺是根本性的，而在产业发展中，旅游业的发展是聚人气、促发展的朝阳产业。俗话说：看山、看水、看文化，发展旅游业，关键在文化。而文化胜迹就是文化的显性体现。二是促进美丽乡村建设。美丽乡村建设是乡村振兴的重要内容，美丽乡村如何建设？因地制宜是一条重要路径。人文胜迹既是各地的文化地理标志，也是乡村规划建设、彰显地理优势和特色的重要指南。三是促进精神文明建设。在乡村振兴战略中，物质文明与精神文明必然是并行的。甚至可以说，高度发展的精神文明，在乡村振兴战略中有更加重要的地位。沅江流域人文胜迹所体现出来的忧国忧民、舍身社稷的爱国主义精神，不畏艰险、不屈不挠的奋斗精神，精雕细刻、精益求精的工匠精神以及崇文明德、尊师重教的人文精神是一笔宝贵的精神财富，它既是从千百年来生生不息的劳动人民身上提炼出来的，也必将对后来的人们起到积极的引导作用。

# ‖第五章‖

# 沅江流域社会历史变迁
# 及相关杰出人物

历史唯物主义认为杰出人物是历史发展中的关键力量。他们虽然不能改变历史发展的趋势，但能加速历史的进程。从蒙昧远古到现今文明，从巫风傩影到绚丽的多民族文化，从争取反抗压迫到取得民族独立解放，这些杰出儿女作为沅江流域发展进程中不可磨灭的中坚力量，在沅江流域发展的各个时期里不断创造着一个又一个奇迹。

## 一 沅江流域地方政治发展及相关杰出人物

考古发现证明，沅江流域 30 万年前就有人类活动，点燃了沅江流域的文明星火。春秋晚期，楚人开始进入沅江流域黔中地区。楚武王三十七年（前 704 年），楚国势力开始南浸，"开濮地而有之"，从而使沅江流域正式归入楚国的版图。自此，中央王朝逐步对沅江流域进行治理，无论是春秋晚期的军事征伐，还是秦汉的羁縻政策，抑或是元、明、清的土司制度及改土归流，这些民族政策的实施，都是致力于将社会经济文化发展不平衡的沅江流域纳入中原王朝统一的国家管理体系之中，在这一发展过程中，无数仁人志士在沅江流域的政治发展过程中发挥了重要作用。

（一）初入中央版图沅江流域的政治发展

战国中叶楚威王（前339～前329年）时设立黔中郡，并在黔中郡各处要道修筑城池。秦国曾无偿赠予"汉中之半"的土地，愿以地易地，与楚国交换黔中郡，楚怀王没有应允。自公元前280年始，秦国先后派司马错、白起、张若率军攻打楚国黔中郡，频繁的战争给黔中地区带来了大量的人口，推动了文化的交流与传播，从而促进了黔中地区的发展。

（二）羁縻政策时期沅江流域的政治发展

羁縻政策是历代中央王朝在多民族国家里对社会发展落后的少数民族地区所采取的一种民族政策。其政策的实际意义是封建王朝对少数民族的统治，是通过少数民族的酋领来实现，即封建朝廷封授少数民族酋领一个职官称号，仍由他们世领其地，世长其民，朝廷不过问其内部事务，只要他们表示臣服就行。[1] 羁縻政策萌芽于先秦，创立于秦代，及至宋元交替之际，羁縻政策不断发展完善成为土司制度。

夏商周以要服、荒服为内容的民族羁縻统治政策兴起，《禹贡》云："五百里甸服……五百里侯服……五百里绥服……五百里要服……五百里荒服……"作为国家制度的五服制度在夏朝正式形成。这也是适应夏商奴隶制中央集权的相对弱小、周边民族仍处于较封闭的部落状态、民族或部落间政治经济文化联系稀疏的现实。

秦始皇统一中国后，在沅江流域黔中郡的基础上设置了洞庭郡，并大规模实施"移民实边"，逐步建立属国制与羁縻州制，使民族羁縻统治政策有了机构与制度的保证，其少数民族职官制度、联姻政

---

① 龚荫：《"羁縻政策"述论》，《贵州民族研究》1991年第3期。

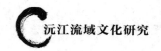

策，以及法律与赋税方面的特殊政策对后世产生了深远的影响。

汉承秦制，汉政府在地方少数民族聚居的偏远地区设置"道"、"属国"与"初郡"，以郡县与属国并行的双轨制统治对沅江流域进行治理。两汉时期，设武陵郡，下设十三县，各郡设太守，治理沅江流域部分区域。东汉时期精选良吏，他们以恩信招降、创办学校、去除旧俗、知人善任、举荐人才，促进当地与中原地区的文化交流，使文化教育有所发展，为当地人才培养创造了条件，更有利于中央王朝政令的推行。

两汉时期在沅江流域以"以其故俗治"与"毋赋税"民族治理方针，实施轻徭薄赋、移民实边、开通道路、重教化的民族政策。武陵郡太守在平定郡中动乱后施行各项教化举措。两汉时期，"以其故俗治"与"毋赋税"，能够考虑到民族地区发展的不平衡，适应了当时沅江流域地区复杂的社会形势，相当程度上促进了沅江流域的发展，为后世民族治理政策提供了借鉴。

三国时期，沅江流域先后由蜀汉、东吴控制，最后由曹魏统一，其间政权移替，战争不断。西晋永嘉年间到刘宋年间，中原的战火导致人民流离失所，大量南迁，沅江下游地区和中游地区也迁来了部分流民。当时三国集团仍沿袭秦、汉王朝羁縻政策，官府采取分而治之的措施，在少数民族地区收少量谷物赋税，没有其他苛捐杂税摊派，在汉族地区就横征暴敛，当地百姓不堪其苦，很多逃到了少数民族地区。据史书记载，辰溪县内出现了安置南阳人口的"南阳郡"。南朝后期，沅江中游和沅江下游在政区建制上分离，中游设沅陵郡，下游为武陵郡。沅江中游和下游的政治分区基本上就这样延续下来。

唐朝社会经济繁荣，国力强盛，对于少数民族的治理，总结了历代王朝的经验，一改封建统治阶级"贵中华，贱夷狄"的观念，采取"置州府以安之，以名爵玉帛以恩之""以威惠羁縻之"的统治方式，广泛建立羁縻州、县并任用民族酋领为刺史、县令，使羁縻政策发展到了鼎盛时期。唐初，封授各地的大民族酋领为都督、刺史，带动了一些民族首领的归附，杂居荆，楚、巴、黔、巫中的"彭水蛮"先后归服于唐，使唐王朝在民族地区的统治稳定下来。

唐末五代时期，政局动荡不安，名种社会矛盾激化，中央王朝逐步衰落，藩镇割据势力进一步发展。五代后梁太祖开平四年（910年），彭士愁任溪州刺史。其在任期间勤于政事，注意发展农业生产，又团结各部，得到了溪州诸蛮的拥护，势力雄厚，不断扩大辖区，领域在今湖南永顺、龙山、保靖、古丈、溆浦、辰溪、芷江，湖北来凤、宣恩，四川酉阳、秀山一带，建立起了一个强大的割据政权。昭宗乾宁三年（896年），潭州刺史马殷占据湘北、湘中、湘南等大部分地区，并在这些少数民族聚居区继续推行唐的羁縻政策，即各"蛮酋"势力只要归附马氏统治，都得到承认，其首领皆为刺史。马殷在位时期奖励农桑、发展茶叶、倡导纺织、重视贸易，使楚国经济得以发展。后晋天福五年（940年），马殷死后，马希范（马殷第四子）继位。马希范在位前期，与彭士愁盟誓议和，并立下了著名的"溪州铜柱"，从此，彭氏马氏分土而治，这为彭氏政权统治溪州八百年奠定了基础。

宋代沿袭和发展唐代的羁縻土官政策，即在少数民族聚居地方设置羁縻州、县、洞，封授民族酋领担任世袭的州、县、洞长官，羁縻政策进一步完善。宋王朝在沅江流域的少数民族聚居区，特别设置"经略五溪蛮事""湖南溪峒总领"等官职。北宋初年，宋太祖设澧、朗、奖、辰、锦、溪、叙等十五州及桂阳监，对先后归服宋朝的少数民族，封官定爵，实行"以蛮夷治蛮夷"之策，由部落酋领担任都督、刺史，时代相继，号称羁縻州。宋王朝以本土之法治本土，应用行政、经济手段，加强对这些地区的统治，任命彭师裕之长子彭允林

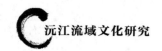

为溪州刺史，任命田洪斌为毗邻峡区的万州刺史，在乾德年间任命瑶人秦再雄为辰州刺史，任命侗人杨再宝为诚州刺史专门管理当地少数民族事务。秦再雄受任后，训练苗、瑶精兵用以维持地方治安，又从将校中选出20人作为使者，分遣武陵五溪各地，向"诸蛮"宣谕朝廷关怀之意。各"蛮夷"酋长相继归附。事闻于朝，秦再雄改授团练使。从此，秦再雄尽心竭力治理武陵五溪一带，使这一地区保持了较长时期相对稳定局面。淳化二年（991年），晃州蛮酋田汉权见宋已统一中原，便遣使进汴梁（宋朝都城，今河南开封市），向宋帝献"古晃州印一钮"，被封为晃州刺史。此后，田汉权与宋廷往来频繁，淳化三年、五年先后两次遣使赴京进贡，加强了宋廷对晃州的统治。王安石变法后，中央王朝加强了对西南地区的控制，彭氏势力范围向溪州核心地区收缩。南宋绍兴五年（1135年），第十一世彭氏政权首领彭福石宠（彭福石冲）迁治所至灵溪河畔的老司城，自此老司城长期作为永顺彭氏政权的统治中心。

### （三）土司制度及改土归流时期沅江流域的政治发展

土司制度确立于元朝，完善于明朝并沿袭至清朝初期。元、明、清在部分少数民族聚居地区以分封各族首领世袭官职进行统治，授予各族首领以宣慰使、宣抚使、安抚使、招讨使、长官等官职，又在各族聚居的府、州、县设立土官加以治理。沅江流域中以彭氏土司尤为著名。

元朝在沅江流域建立的土司制度，在少数民族地区不再设州，改置宣慰、宣抚、安抚、招讨、长官诸司，参用土酋为官。溪州彭氏政权也在此期间归入中央王朝的土司职官体系。元世祖至元十六年（1279年），溪州刺史彭思万归顺元朝，授武德将军。元延祐七年（1320年），第十四世首领彭胜祖自改"永顺安抚司"。元至正十一年

（1351 年），第十五世首领彭万潜又自升为"永顺宣抚司"，并设南渭州，改保靖州为保靖安抚司，隶于永顺司，其辖域自溪州地区有所拓展。元先后在永顺境地设永顺安抚司、葛蛮安抚司（辖南渭州）、思州安抚司（辖麦着、会溪、施溶感化州和驴迟峒、腊惹峒）。

　　到了明代，土司制度被推上高峰。明朝对土司的主要要求为"额以赋役、听我驱调"，即突出税赋与控制，使之更为系统化和制度化。朱元璋对湖南"苗蛮"地区各土司土官则采取安置和绥抚政策，对湖南的降服土司酋长，多授以原官。元朝保靖安抚使彭世雄在朱元璋起兵入湘后，率其兵属前往归附，并随朱元璋一起攻打江西，屡建功勋。朱元璋初封彭世雄为保靖安抚使。明洪武元年（1368 年）彭世雄升为永顺宣慰司，明洪武二年（1369 年），彭万潜率其子彭天宝袭任。明洪武六年（1373 年）第十六世首领彭天宝升为永顺等处军民宣慰使司，其下设六长官司，共辖"三州六洞"。永顺土司历代遵循铜柱盟约平叛戡乱，捍卫社稷，贡献楠木，忠君爱国。明中晚期永顺宣慰使彭显英、彭世麒、彭明辅、彭宗舜、彭翼南等人的墓志铭详细记载了他们的执政措施及为国家立下的赫赫战功。同时永顺土司积极履行朝贡、纳赋的义务，特别是明朝国都由南京迁往北京，兴建宫殿而需大量楠木，永顺宣慰司各个土司积极献大木，减轻了中央王朝迫切需要大木的压力，获得重赏。湘西土司这一时期在政治、经济、军事等诸多方面的发展与进步是史无前例的，可以说湘西土司是元明时期治理沅江流域的中坚力量。

　　清王朝在西南地区确立统治过程中，除了承认明代以来的 1078家土司土官以外，又新设了数百家土司。清初，中央王朝对少数民族地区采用怀柔与压迫相结合的统治政策。在湘西土司中，首先收买和笼络土司，实行"一仍故封，不加改制"。清顺治四年（1647 年），东虏宁南大将军阿尔津、恭顺王孔有德占领辰州。彭泓澍闻知消息，

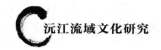

主动率三知州、六长官、三百八十峒苗蛮及图册归附。清顺治十四年（1657 年），彭泓澍加太保，领顺字号永顺等处军民宣慰使司印一颗，三州、六洞长官司印，经历文职印信，又赐正一品服。永顺土司继续为清朝廷所信任。

好景不长，康熙年间"三藩"之乱后，清朝政府加强中央集权统治，于雍正四年至九年（1726～1731 年）对西南各少数民族进行"改土归流"政策，主要以各种"劣迹"借口、战争手段和"自愿"献印，改设流官等手段进行。雍正五年（1727 年），永顺土司彭肇槐"献图输诚，愿附内地"，雍正六年（1728 年），被授以参将职，赐给世袭施州喇哈番称号，赏赐银一万两，安置于江西吉安。其弟彭肇模安置于常德，其他土官离开司治所在地迁于各处。清廷诏令"设官分职议，改永顺司为永顺府，以永顺为附郭，外设龙山一县，其保靖桑植皆设知县，属永顺府附辖"。同时，朝廷拨出银两"建城垣，立学校，开河道，立市镇、置邮传、修祠宇衙署等"。永顺府的成立使沅江流域正式划入国家版图之内，而中原文化也随着王朝秩序理所当然地得以迅速传播。至此，清廷以强大的军事作后盾，终结了整个彭氏土司王朝。

（四）沅江流域重要政治人物

从司马错的军事征伐开始，沅江流域逐步纳入中央版图，东汉太守宗均教化文明，提倡移风易俗，高风亮节，清廉一生，东汉、三国之交，武陵郡出现了如廖立、潘濬等人才，廖立更是被诸葛亮称为"楚之良才，当赞兴世业者也"。三国时期，太守应奉勤设方略，贼破军罢，"兴学校，举仄陋，政称变俗"，在"蛮夷"聚居地区兴办学校，革除落后的风俗习惯，推举有才之士，引导人们摒弃旧有落后的习俗，遵循礼仪之道。从五代后梁太祖开平四年（910 年）到清雍正六年（1728 年），彭氏家族长达 800 余年的统治保障了湘西地区的稳定发展。明朝忠臣满朝荐一生先后经历六朝，在明代黑暗的统治时期，他一身正气，为官清廉的他为了平民百姓的利益，同贪官污吏进行了无畏的斗争。清代沅陵吴大廷累官台湾兵备道，兴利除弊，当属湖南京官第一人；镇远谭钧培为官清廉，保家卫国。中国共产党建党初期，从沅江流域走出来的陈佑魁、向五九、滕英斋、严文清、蒋希清、翦伯赞、刘晓、滕代远、田立延等一批中国共产党人，在沅江流域政治发展进程中都留下了不可磨灭的身影。

**1. 宗均：移风易俗开民智，矫旨智降武陵蛮**

宗均（？～76 年），字叔庠，东汉南阳人，东汉时期名臣。宗均自幼聪明好学，"好经书""通诗礼""善辩难"。15 岁时凭借父荫，选为郎官，20 岁的时候，调补辰阳（今沅陵）县令，在任期间，他积极兴办辰阳学官，开启民智，教化文明，极力提倡移风易俗，明令禁止铺张浪费、劳人伤财的祭祀活动，在他的治理下，辰阳的经济文化有了很大的发展。建武二十四年（48 年），"五溪蛮"暴动，武威将军刘尚在征讨中全军覆没，刘秀下诏令宗均为监军，但朝廷军队不习惯南方水土，疾病流行，死者过半，主帅马援也病逝于军中。宗均假借皇帝命令，命吕种前去敌营中招降，随后以兵力征讨，"五溪蛮"兵败不敌。宗均又历官上蔡令、九江太守、东海相、尚书令、司隶校尉、河内太守，在任高风亮节，均有政绩，后来因病请求免官，并婉拒孝明帝授予的宰相大任。

**2. 潘濬：清正奉公，军事智囊**

潘濬（？～239 年），又作潘浚，字承明，东汉汉寿县（湖南常德）人，蜀大司马蒋琬的表弟，吴国重臣。潘濬为人聪察，曾拜大儒宋忠为师，得到"建安七子"之一的王粲赏识。潘濬不到 30 岁就被荆州牧刘表任命为江夏从事，因斩杀贪污的沙羡长而闻名。刘备治理

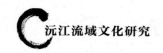

荆州时，十分器重潘濬，任其为治中从事，入蜀后，又将潘濬留在荆州，管理后方政务。公元220年孙权袭杀关羽后，潘濬转仕孙吴，孙权得荆州，拜潘濬辅军中郎将，领兵，又迁奋威将军，封常迁亭侯，229年拜少府，进封刘阳侯，又改任太常。

**3. 彭士愁：溪州铜柱，天福之盟**

彭士愁（882～956年），本名彭彦晞，字士愁，唐末五代时人。祖籍庐陵（今江西吉水），长于湘西。五代后梁太祖开平四年（910年），彭士愁袭父职任溪州（今永顺、龙山、古丈县地）刺史，他勤于政事，团结各部，得到溪州诸"蛮"的拥护。楚王马希范即位后对溪州等地征收苛捐杂税，后晋高祖天福四年（939年），彭士愁引奖州（治所在今芷江县西）、锦州（治所在今麻阳县西南）等州"蛮军"上万人，进攻楚国。战役进入相持阶段后，天福五年，彭士愁与马希范罢兵言和并缔结盟约，史称"天福之盟"，并在永顺会溪坪铸立溪州铜柱，马希范令其天策府学士李弘皋作记，将"天福之盟"的内容与颂赋、誓词等刻诸其上，史称"溪州铜柱"。自此，彭士愁与楚划江而治，酉水之南归楚，酉水之北归彭士愁。并且还约定：楚国军民不能随意进入溪州；彭士愁属下的部落酋长如有冒犯楚国的，只能由彭士愁科惩，楚国不能发军讨伐；楚国不能在彭士愁的辖区内征兵；彭士愁辖区的官吏由彭士愁任免；等等。从盟约的主要内容看，盟约的条款明显有利于彭士愁，为其统一酉水流域，建立800余年的统治奠定了基础。

**4. 满朝荐：苗乡怪臣，大忠大爱**

满朝荐（1561～1629年），字震东、震寰，号汝扬，麻阳县兰里人。满朝荐是苗族历史上可以稽考的最早获得进士出身的官吏之一。满朝荐少年时，立下了"彼丈夫兮我丈夫"的誓言，具有远大的理想与抱负，但直到44岁才中甲辰榜第32名，授陕西咸宁知县，官至太仆寺少卿，在与阉党斗争中数次被构陷入狱。满朝荐一生先后经历六朝，这正是明代较为黑暗的历史时期，满朝荐甘冒风险，先后上呈《十大可忧七大可怪事本》《颠倒本》两本奏疏，分析局势、指斥时弊、条陈方略。满朝荐不畏强暴，具有百折不挠的斗争精神。他的身上糅合了苗家汉子与湘西"蛮子"那种疾恶如仇的性格。在麻阳、辰溪、沅陵等地，满朝荐是妇孺皆知的人物。几百年来，他一身正气、清正为民，他的事迹被百姓演化为"乌纱罩牛头""湖广免秋粮"等故事在民间广为传诵。

**5. 熊希龄：投身慈善教育的民国总理**

熊希龄（1870～1937 年），字秉三，别号明志阁主人、双清居士，湖南湘西凤凰人，祖籍江西丰城石滩。曾任北洋政府第四任国务总理，民国时期政治家、教育家、社会活动家、实业家和慈善家。1913 年，熊希龄被任命为国务总理，和梁启超、张謇等出面组阁。熊希龄内阁制定了民国第一部宪法。次年曾副署解散国会命令，旋去职。先后出任国民政府赈务委员会委员、世界红十字会中华总会会长。1937 年"八一三"淞沪会战起，熊希龄在上海与红十字会的同仁合力设立伤兵医院和难民收容所，收容伤兵，救济难民。上海沦陷后，熊希龄赴香港为难民、伤兵募捐。1937 年 12 月 25 日，熊希龄在香港逝世。

**6. 向警予：中国妇女运动的先驱**

向警予（1895～1928 年），原名向俊贤，湖南溆浦县人。中国共产党早期重要领导人之一、杰出的共产主义战士、中国第一位女中央委员、中共中央第一任妇女部长。曾主编《妇女周刊》。毛泽东称她为"我党唯一的女创始人"。1916 年夏，向警予从周南女校毕业后回到溆浦创办县立女子学堂，她办学力求改革，以"自治心、公共心"为校训，重视思想的传播，尊重学生个性，反对"驰驱之若牛马"的奴化教育。① 1919 年秋，向警予加入了新民学会，赴法勤工俭学。在法期间，她积极为建党奔忙，与蔡和森共同提出了中国共产党的名称和计划。1922 年初，向警予回国，在上海加入中国共产党。7 月，出席在上海举行的中国共产党第二次全国代表大会，当选为候补中央执行委员。1924 年 5 月，中央决定成立中共中央妇女部，向警予任首任部长。1928 年，因叛徒出卖，向警予被捕，英勇就义。

### 7. 滕代远：人民铁路事业的奠基人

滕代远（1904~1974 年），湖南麻阳人。中国工农红军早期创始人，中国人民解放军的领导者之一，新中国第一任铁道部长。1923 年秋，滕代远考取了湖南省第二师范学校。在校期间，与陈佑魁等一起组建了"麻阳新民社"，创办社刊《锦江潮》。1925 年 10 月加入中国共产党。在 1927 年到 1949 年的 22 年间，滕代远担任湘东特委书记，发动醴陵年关暴动。1927 年 7 月与彭德怀领导平江起义，成立中国工农红军第五军。后又浴血奋勇保卫井冈山，率红三军团两打长沙。先后参与组织领导粉碎敌人第一、第三、第四次"围剿"的战斗。入闽东征、两次入新疆迎接西路军，后出任中共中央军委参谋长，出征晋西北。1942 年 5 月任八路军总部参谋长。1948 年，任华北军区副司令、中央华北局常委。是年 11 月，中国人民革命军事委员会铁道部成立，滕代远任部长兼党委书记。新中国成立后，滕代远任中华人民共和国第一任铁道部部长、党委书记。1965 年，在第四届全国政治协商会议上被选为副主席。1974 年 12 月 1 日，滕代远在北京逝世，终年 70 岁。

### 8. 刘晓：杰出的情报工作者

刘晓（1908~1988 年），出生于湖南省辰溪县，原名运权，字均

---

① 湖南省怀化地区地方志编纂委员会编《怀化地区志》，生活·读书·新知三联书店，1999，第 2432~2433 页。

衡。1926 年加入中国共产党，1934 年 10 月参加长征，1937 年 5 月受党中央派遣到上海恢复和重建情报组织，领导党的情报工作。1937 年 11 月，任中共江苏省委书记。上海沦陷后，刘晓仍留在上海，负责主持中共江苏省委的工作。1940 年 3 月刘晓一度调至中共中央南方局工作。同年 9 月重新回到上海工作。1944 年 9 月兼任中共中央城市工作部副部长。1945 年 10 月刘晓任中共中央华中分局常委。1946 年 2 月从延安回到上海，继续领导上海地下党的情报工作，先后任中共中央上海分局书记、中共中央上海局书记，主持上海局的全面工作。1949 年后，刘晓任上海市委第二书记兼组织部长。1955 年以后主要从事外交工作，历任驻苏联大使、外交部常务副部长、驻阿尔巴尼亚大使等。1988 年 6 月 11 日刘晓在北京逝世，终年 80 岁。

## 二　沅江流域军事发展及相关人物

### （一）古代沅江流域战争

雪峰山和武陵山分别雄踞在沅江流域东南和西北，有著名的"洞口塘孔道""老鹰坡隘口""青龙界孔道""蒋家湾隘口"等关隘，进可攻，退可守，是一块天然的军事要地，为历代兵家看重。

战国时沅江流域中下游地区属于楚国黔中郡，楚国将军庄蹻率领楚军夺取巴郡和黔中郡以西的地区，占领滇地。后来秦国攻打楚国，庄蹻无法返回楚国，便在滇地称王，建立了滇国。秦国崛起之后，在对楚国的战争中，先取得了巴郡，接着，秦昭襄王派司马错率军攻打黔中郡，这支部队穿过今天的重庆酉阳县，沿酉水而至沅江，攻下了黔中郡。

东汉建武二十三年（47 年），沅陵人相单程被推为五溪大帅，率众起兵，先后打败了威武将军刘尚、谒者李嵩、中山太守马成等人，

耗死了伏波将军马援，最后被监军宗均用计诱杀。

　　吴永安六年（263 年），魏灭蜀，东吴担心与蜀汉接壤的沅江流域会有叛乱发生，吴景帝任命钟离牧任武陵太守，驻守此地。当时的沅江中下游的世居民族被称为"五溪蛮"，拥兵自守。钟离牧率三千人沿着险要山路急行军，奔走近 2000 里，驱逐了占据迁陵的郭纯，斩杀了拥护他的"五溪蛮"首领。三国时期的诸葛亮、关云长等是沅江流域民间故事传说、民间戏剧戏曲和民间信仰中的重要人物，流域内遍布武圣庙、武侯祠和诸葛营，仅洪江市就有四处"诸葛营"遗址。三国主要人物在沅江流域征战不见于正史，但是作为交通孔道，沅江流域是诸葛亮南征的经历之地，从散落至今的古代遗址、民间戏剧、民间传说和文人题咏来看，诸葛亮、关云长等人早已成为这里民间信仰中的神祇。

　　唐元和六年（811 年），辰州（今怀化市北部地区）、溆州（今湖南西南部及贵州天柱一带）"蛮酋"首领张伯靖因为黔中观察使窦群督敛苛刻，聚众起义，攻下了播州（今贵州遵义）、费州（今贵州思南），此举得到了附近少数民族的响应。朝廷湖南观察使柳公绰、黔中观察使崔能、荆南节度使严绶联合征讨，三年不能定。后不得已采取招抚政策，以张伯靖为右威卫翊府中郎将。广明年间，湖南大旱，民不聊生、纷乱四起、盗贼肆虐，武陵人雷满与区景思、周岳等聚众起事。后高骈节镇荆南，把雷满收归麾下，派雷满击杀盗贼。高骈迁官至淮南后，雷满叛逃，先后攻占了朗州（今湖南常德）、衡州（今湖南衡阳）、澧州（今常德澧县）等地。后朝廷招抚，昭宗以澧、朗为武贞军，拜雷满为节度使。雷满治地在朗州，引沅江之水做护城河，上架长桥，易守难攻。唐乾宁三年（896 年），马殷据湖南，僭称楚王。雷满死后，马殷攻打朗州，因沅江所阻，经年不得破。后雷氏家族内乱，马殷把朗州和澧州并入版图。唐末，黄巢发动农民起义，各地人民纷纷响应，乾符六年（879 年）九月，黄巢翻越五岭，兵围广州，先后上书朝廷求表为天平军节度使、安南都护、广州节度使，朝廷不允。黄巢急攻广州，一天破城。同年，不少义军将士染上了疫病，黄巢率军离开广州，攻取了桂州（今广西桂林），控制了岭南全境，黄巢的队伍中有不少来自沅江流域的底层百姓。广明元年（880 年），湘江水涨，黄巢率部乘大木筏顺流而下，沿着湘江，穿过永州、衡州，攻占了潭州（今湖南长沙）。湖南观察使兼招讨副使李系败走朗州，所率十万大军尽皆被杀，尸体遮蔽了湘江。随后，黄巢继续北上，势如破竹，进攻洛阳，占领了长安，同年底，于含元殿即皇帝位，国号"大齐"。黄巢称帝后不思进取，没有消灭唐军有生力量，加之残暴毒虐、观念狭隘、滥杀无辜，最后被唐军击败。

唐朝末年，藩镇割据，王室衰微，天下纷争。沅江中上游湘、黔、桂三省区交界处的少数民族在首领潘金盛、杨再思的领导下逐渐发展，以靖州飞山为中心，号称"飞山蛮"。马殷派兵攻打"飞山蛮"。幸得"辰州蛮"首领宋邺、"叙州蛮"首领潘金盛率部支援。后梁乾化元年（911 年），马殷的刺史吕师周擒潘金盛至武冈杀害，尽毁其营寨。杨再思率"飞山蛮"余部归附马殷，被封为诚州刺史。杨再思号称"十峒首领"，以其子侄分掌州峒，抚驭峒民。杨氏的统治推动和加速了境内各民族的融合。五代之时，战乱纷起，独诚州兵民屯聚、有商贾出入，此为杨氏之功也，杨再思被尊为"苗侗共祖"，在湘、黔、桂三省区交界处遍布以他为主神的"飞山庙"。五代后晋时彭士愁据溪州（今永顺），经征讨招抚，与楚王马希范立铜柱以誓盟，留下了"溪州铜柱"的佳话。

宋朝在沅江流域的少数民族聚居区，特别设置"经略五溪蛮事""湖南溪峒总领"等官职，专门管理当地少数民族事务。同时，派驻军队屯田戍守，加强了对少数民族的防备与镇慰。宋太祖用瑶人秦再

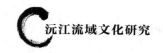

雄为辰州刺史、侗人杨再宝为诚州刺史，沅江流域保持了一段时间的安定。但没多久，汉族官僚和本族封建领主的残酷剥削和压迫，引发了当地少数民族的多次反抗斗争。朝廷为了平息底层百姓的怒火，下令平抑与当地少数民族互市的盐米价格，不准提高每年应缴纳的"输身丁米"，命各地官员"毋贪功而启衅"，禁止侵占少数民族的田产和财物。但是朝廷的禁令并没有起到作用，少数民族失地和财物被侵占现象反而愈演愈烈。元祐年间（1086～1093年），各族人民在杨晟台、粟仁催率领下，杀官吏、攻州城，使宋王朝对沅江中游的统治陷于瘫痪。崇宁初年，建炎、绍兴年间，乾道三年（1167年），沅江流域民族地区都爆发过大规模农民起义。南宋初，汉寿人杨幺追随钟相起义，南宋建炎四年至绍兴元年（1130～1131年），南宋水军进攻洞庭义军，于下沚江（今湖南汉寿东北）被杨幺击败，杨幺在沅江入洞庭湖的入口处，利用港汊交错、险峻岛屿创建水寨，取得水战优势，其军春夏耕耘，秋冬攻战。在所辖区，"无税赋差科，无官司法令"，"田蚕丝兴旺"。南宋绍兴五年（1135年）高宗赵构遣岳飞率军入洞庭湖，杨幺起义失败。杨幺的事迹在汉寿和洞庭湖区广为流传，形成了有地方特色的民间故事，人们相信，杨幺死后成神，是洞庭湖和沅江流域的水神，沅江流域全境都分布着祭祀杨幺的杨泗将军庙。

元朝在中原的统治只持续了100多年，其间发生了12次大型农民起义。元朝末期，政府横征暴敛、土地高度集中、社会经济急剧衰败、阶级矛盾和民族矛盾愈演愈烈。元至正六年（1346年），靖州少数民族首领吴天保聚众6万余人，组织义军，举旗反元，攻占洪江及会同、黔阳、武冈等县。元朝廷派湖广行省右丞沙班出兵镇压。义军攻占溆浦、辰溪等地，杀死沙班，大败元军，继而乘势攻下辰、沅全境。后元朝统治者诱骗招抚，并增兵驻守，起义失败，吴天保战死，他的部队并入了刘福通部或徐寿辉、陈友谅各股农民起义军。城步人杨完者也是著名的少数民族将领，世为土官，军纪严明。元末各地反元兵起，湖广万户陶梦祯闻溪峒土兵可用，把杨完者的部队调入湖广兵，一战而克武昌，杨完者累计军功升至海北宣慰使都元帅，尔后又升行省参政，再升右丞，名声大震。杨完者屡与张士诚交战，在杭州之战中，因被元军将领忌惮而出卖，兵败自杀。

明洪武九年（1376年）在湘西苗族地区推行卫、所制度，以永定、靖州、辰州为"卫"，在镇溪、安福、麻寮、大庸设"千户所"。此外，在少数民族聚居地区还设立了巡检司。在湘西地区腊尔山周围"生苗"建起十三哨和二十四堡，再修长约三百六十里的"苗疆边墙"进行军事封锁，隔离汉族和少数民族，这就是"蛮不出境，民不入峒"的政策。但是绵亘的边墙阻挡不了沅江流域各族百姓平均十年到二十年一次的频繁起义。明万历中后期，苗民反抗又起，出沅陵，逼郡县，将边墙夷为平地。自元末明初开始，日本倭寇时常骚扰我国东南沿海。嘉靖三十三年（1554年），朝廷以张经为总督大臣，专门办理讨倭事宜，张经征调广西狼兵、湖广土兵协助征剿。湖广土兵由沅江中下游的土家族、苗族士兵组成，由当地土司率领。永顺宣慰使彭翼南、致仕宣慰使彭明辅、保靖宣慰使彭荩臣自带粮食，率领上万名土兵远赴苏州、松江地区抗击倭寇。在嘉靖三十四、三十五年的抗击倭寇战争中，湖广土兵骁勇善战，以热血捍卫了祖国疆土，在中国历史上书写了浓墨重彩的一笔。

清王朝建立后，继续在沅江流域修建汛堡、碉楼、哨台、炮台、关门等军事设施，同时也人为地阻隔了汉族和少数民族之间的交往。清王朝在中原安定下来以后，实行"苗疆开辟"和"改土归流"政策。苗疆地区在开发过程中先后发生了"雍乾苗反"和"乾嘉苗反"，清朝廷前后动员了近18万兵力，经历了11年之久才平息战争。乾隆六年（1741年），城步、绥宁两地的少数民族聚集万人，在粟贤

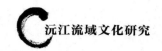

宇率领下反抗清廷，朝廷派遣贵州总督张广泗做主帅，镇箽（今凤凰）总兵刘策名率领官兵进剿，起义失败。湘西凤凰原名镇箽，这里的军队名为"箽军"，实行的"屯田养勇"造成了凤凰"全民皆兵"的社会形态。清咸丰、同治年间镇压太平天国起义时箽军勇赴前线"纾解国难"，后又加入湘军，被编入"威虎营"，其中多"深山雾谷寒苦之民"，皆蛮悍骁勇。到了近代，国民革命军第 128 师就是以箽军为主，师长顾家齐率领奔赴浙江嘉善狙击侵华日军第六、第八两个军团，在抗日战争中做出了伟大的贡献。

（二）近现代沅江流域战争

近代中国外有列强入侵，内有重重矛盾，内外交患，各种矛盾尖锐复杂。民国初年，政局多变，军阀混战，地方土豪劣绅与贪官污吏相勾结，拥枪自重，人民处在重重压迫下。1915 年底，袁世凯复辟帝制，革命志士蔡锷举起护国大旗，贵州护军使刘显世宣布独立，王文华为护国军东路司令，总兵力不到 4000 人，进攻湖南西部。袁世凯派北洋六师全部及三师一个旅，号称十万大军布防黔军。北洋军骄傲轻敌，一路败仗，黔军很快占据了晃县、芷江、麻阳、托口、黔阳、会同、洪江等地。坐镇辰溪的袁军头目马继增，连失湘西城池，受到袁世凯痛责怒骂，羞愧难当，自杀身亡。1916 年 3 月，袁世凯任熊希龄为湘西宣慰使，并拨银元 6 万元，"抚靖"湖南，熊希龄坚辞不受。4 月，程潜自云南拨借护国军一个营，占领靖县，26 日，程潜被推举为湖南护国军总司令，宣布湖南独立。同一时段，还有张玉堂自任"湘西救国军总司令"，湘西镇守使田应诏在凤凰县城自称"湘西护国军总司令"。8 月，湖南省省长兼督军、湖南参议院院长谭延闿派卿衡负责收编湘西各路民军。

大革命失败以后，各地党组织根据党的指示，重整旗鼓，组织和领导武装斗争。1934 年 12 月 12 日，中央红军长征途经通道境内时，召开了"通道会议"。会议采纳毛泽东同志提出的改变到湘西与红二、六军团会合的计划，改向敌人力量薄弱的贵州进军，避免了全军毁灭的危险，史称"通道转兵"。

抗战后期，国民党军队在战场上节节败退，东南沿海、华北、华中的国民党机关、学校、工厂、医院和难民纷纷取道沅江而转湘黔、黔川公路向西南撤离，也有的直接迁入沅江流域。随着救亡团体、文化界知名人士的到来，如翦伯赞、谭丕模、张天翼、廖沫沙、周立波等。沅江流域出现了战时繁荣，中国共产党在沅江流域的工作逐渐开展，各地相继恢复和建立了党的支部，组织和领导抗日救亡工作。抗日战争时期，沅江流域背靠国民党战时首府陪都重庆，是华北、华中、华东通往大西南的战略要道，以其特殊的地理位置和重要的战略地位成为战时大后方。1943 年常德会战，国民党 74 军 57 师以 8000余名将士抵御日军近 4 万人的精锐部队，以近乎全军覆没的代价孤守常德城 16 个昼夜，为外围部队反包围日军争取了时间，被历史学家誉为"东方的斯大林格勒保卫战"。湘西会战也称雪峰山战役，是中国人民抗日战争中的最后一次会战。战争起于 1945 年 4 月 9 日，止于6 月 7 日。双方参战总兵力 28 万余人，战线长达 200 余公里。在国民党陆军第四方面军司令官王耀武指挥下，湘西会战歼敌 3 万余人，以日本军队战败而结束。湘西会战的胜利标志着中国抗日正面战场由防御转入反攻阶段。在抗战中，涌现出了一大批让人肃然起敬的勇敢官兵，他们中的大多数已经不在人世，但是他们永不屈服和为中华民族独立献身的精神则永远留在后人心中。

沅江流域中段处于云贵高原东部边缘向湘中丘陵过渡的中山区域，境内沟壑纵横，溪河密布，洞穴连绵，再加上与鄂、川、黔、桂4 省区交界，成为"两不管""三不管"的交界区域，一度成为各派政治、军事势力在西南角逐的重要场所。种种条件叠加，使其成为土匪滋生藏身和发展的理想环境。新中国成立前夕，湘西匪患尤烈。国民党反动派在湘西建立反共根据地，勾结地方土匪，组建了 3 个暂编军 12 个暂编师，还有 10 多股反动武装，总数达 10 多万之众。1949年，中国人民解放军第 47 军、46 军 136 师、38 军 114 师等部队奉命进入湘西剿匪。至 1951 年 2 月 47 军赴朝参战为止，共歼匪 92081 人。其后，湘西军民又经过两年的斗争，肃清残匪 2 万多人，数百年湘西匪患，宣告终结。

（三）沅江流域军事名人

沅江流域自古以来就是一块天然的军事要地，为历代兵家看重，尤其是封建王朝实施移民实边政策，外来人口的急剧增加，再加上部分官僚的黑暗腐朽统治，导致沅江流域民族矛盾凸显，引发了历史上有名的"五溪蛮大起义"。在这些军事战斗中既有代表封建王朝中央政策平息"五溪蛮"的大将军马援，也有为民请命、积极反抗朝廷镇压的五溪大帅相单程，侗族农民起义领袖吴勉，更有积极争取民族独立解放、抵抗外来侵略的湘军悍将田兴恕和传奇湘西王陈渠珍等，一批批强兵悍将、革命战士和民族英雄为沅江流域和中华民族的独立自由与人民解放英勇冲锋，悍不畏死、前仆后继，其英风浩气历沧桑巨变而光彩熠熠。

**1. 马援：定边爱民，马革裹尸**

马援（前 14～49 年），字文渊，扶风茂陵（今陕西杨凌）人，汉代著名军事家，东汉开国元勋，因功累官伏波将军，封新息侯。其主要战功有：平定陇西，二征岭南，北击乌桓，抚平羌乱等。建武二十三年（47 年）居住于武陵山区（今湘西北一带）的"五溪蛮"，在相单程的带领下起兵反汉，武威将军刘尚、中山太守马成先后奉命前去征讨，均战败。时年62岁，北征刚返尚未休整的马援闻讯后，主动向刘秀请缨前去平乱。建武二十五年（49年），马援军至沅陵境内的壶头山。那里地势险峻，官军无法攻入，两军处于相持状态。后因天气炎热，林中瘴疬交侵，包括马援在内的不少将士染疾，马援带病坚持巡逻和观察敌情，不久病死于军中。尽管马援在征"五溪蛮"战争中失败，被征讨者却很崇拜这位为国尽忠的将军，他征战过的地方留下了大量民间传说以及祭祀他的伏波庙。有资料统计，清代湖南地方志中有记载的伏波庙就多达30多处。马援素有大志，品性高洁，善文，他一生中说过一些名言，都经过改良之后流传千年，"马革裹尸""老当益壮"等词语都出自马援。

**2. 相单程：五溪大帅，为民请命**

相单程（？～49年），东汉武陵郡沅陵县小酉山人。建武二十三年（47年），沅陵数月不雨，农业歉收，百姓生活无着，而朝廷征缴仍有增无减。相单程率领壮勇数万人起义，夺关据县，惩治贪官污吏，开仓济民。一时镡城（今镡城镇）、迁陵（今保靖县境）、沅陵（今麻阳、泸溪、吉首、古丈等地）、辰阳（今辰溪、溆浦）诸县闻风响应。汉武帝派武威将军刘尚，带领南郡、长沙、武陵诸郡兵丁万余，乘船溯沅江而上，镇压起义军。尚军大败。建武二十四年，相单程挥师攻下临沅（今常德），光武帝遣谒者李嵩、中山太守马成迎战，又被相军设伏击溃。光武帝急遣伏波将军马援征战五溪。相单程奇袭马援的远征军后退守沅陵境内险滩奇峰，马援军驻扎沅江南岸壶头山（今沅陵县高坪乡境）、桐木溪、楠木坪一带。相单程凭青龙滩天险据守数月，马援望江兴叹，一筹莫展。天气酷热，时晴时雨，蚊蝇骤甚，马援军卒不服水土，多染瘟疫或疟疾病死，不久，马援亦病逝于军中。监军宗均恐军心浮动，矫诏命司马官吕种为沅陵长，吕种持假圣旨招抚，并用大军压境施压。相单程同意罢战和谈。然而和谈成

111

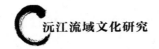

功，相单程却被宗均设计诱杀。

### 3. 吴勉：侗族农民起义领袖

吴勉（1334～1385 年），侗族，贵州黎平县潘老乡上黄村蓝寨人，农民起义领袖。洪武十一年（1378 年），由于朝廷对侗族地区进行武装征服，肆意蹂躏人民，吴勉聚众举义。同年六月，吴勉率义军进攻靖州卫，占领靖州城。明廷升辰州卫指挥杨仲名为总兵，率辰、沅两卫官军围剿。吴勉主动退避潭洞、天府、坝寨、古州一带深山密林与官军周旋，吴勉义军得到当地百姓的大力支持与配合，历时七载，官军无可奈何。洪武十八年（1385 年），思州（今岑巩县）侗族诸部再次起义，吴勉自号“铲平王”，将义军队伍发展到 20 万人之众，战果辉煌一度，占领今湘、黔、桂三省区交界的广大地区。明太祖命令楚王朱桢挂帅，以信国公汤和为征虏将军，江夏侯周德兴为副将，发兵 30 万大军直指黎平。汤和占领靖州后，派人前往黎平招降吴勉，但被吴勉严词拒绝。招降失败后，明军以靖州为基地，步步为营，向黎平推进，并在黎平置五开卫，驻军 3 万余人，降服土司，迁来外地移民，从内部逐渐瓦解义军。吴勉孤立无援、寡不敌众，坚持 8 年之久的起义终告失败，但吴勉的英雄事迹被侗族人民世世代代传颂。

### 4. 田兴恕：刺臂募兵，湘军悍将

田兴恕（1836～1877 年），字忠普，苗族，湖南省镇篁镇（今湖南凤凰）人。少年家贫，素有大志。咸丰二年（1852 年），田兴恕从军，在同太平军的作战中，他有勇有谋，表现出惊人的胆识和谋略，数次主动参加“敢死队”和“急先锋”的作战，得到左宗棠赏识。左宗棠命田兴恕收拢湘西散兵游勇增援，田兴恕从家乡招募兵勇，建立“虎威营”，这支队伍，转战十几省，历经 200 余战皆胜，所向披靡，被曾国藩命名为“虎威常胜军”。虎威营兵勇在左臂刺上“虎威

常胜军"的青字,攻城格斗时,常赤裸左臂,挥刀跃马,令敌方胆战心惊,当时在湘军中流传着"无湘不成军,无筸不成湘"的说法。1859年,清政府急令田兴恕署理贵州提督,第二年正式任命其为提督,并诏授为钦差大臣,兼署巡抚,掌握贵州军政大权,当时他才24岁。身为贵州的军政大员,田兴恕决定控制外国传教士的非法活动,接连3次查抄法国天主教传教士贵阳教区胡缚里的主教府,并将违法的3名修士及一厨工王马尔大押赴刑场一并斩首,史称"青岩教案"。1862年元宵,天主教以奉教为由干涉教徒参加元宵活动,田兴恕先后将天主教传教士文乃尔及教民4人凌迟处死,史称"开州教案"。两次教案震惊朝野。清廷下令将田兴恕发配新疆,永不赦免。1867~1868年,陕甘少数民族拥兵起事,时任陕甘总督的左宗棠奏请朝廷起用田兴恕带兵征剿,田兴恕屡建战功。1873年,田兴恕被释放回原籍凤凰,在家乡因旧时伤患去世。

**5. 陈渠珍:传奇湘西王**

陈渠珍(1882~1952年),号玉鍪,出生于湖南凤凰。7岁入私塾,16岁入沅江校经堂读书,1906年毕业于湖南武备学堂,任职于湖南新军。曾加入同盟会,有"湘西王"之称。与曾任民国总理的熊希龄、著名文人沈从文并称"凤凰三杰"。1906年参加湖南新军,因清兵搜捕而退出,后投靠清川边大臣赵尔丰。宣统元年(1909年)英军入侵西藏,陈渠珍上书《西征计划》,得上司赏识,参加了工布江达、波密等地战役。1911年武昌起义爆发的消息传到西藏,陈渠珍深知形势危殆,策动手下湘黔籍官兵115名,取道羌塘草原,翻越唐古拉山入青海返回内地,辗转7个多月,历尽艰苦方到达西宁,全队仅7人生还。他回到湘西,笼络了一批军事骨干,在军阀混战中扩军,统一湘西。陈渠珍主持湘西军政后,打着"保靖息民"旗号,开始实施"湘西自治"。他举办学校、开工厂、兴实业,制定有关自治条例、教育法案、工农业发展计划，设立实业银行、工农商联合会。为培植地方武装势力，他兴办了军官教导团、经武学校和国术训练所等机构，亲自编著了《军人良心论》等教材。1934年，红军二、六军团攻克永顺县城，国民党借此形势逼迫陈渠珍接受改编，任国民党十四师师长，陈战败后被迫交出兵权。1949年，沅陵兵变，湘西局势混乱。陈渠珍趁机接受了国民党委任的"湘鄂边区绥靖副司令"及"沅陵行署主任"的职务，并移署乾城，在所里（今吉首）组建湘西自卫军。1949年，中国人民解放军第二野战军部队向大西南挺进，中国共产党曾多次派员来凤凰策动陈渠珍和平起义。陈在权衡得失后起义。1950年，陈渠珍任第一届湖南省人民政府委员，参加第一届全国政协第二次会议和中央民族事务委员会会议，受到中央领导人的接见。后任民革中央团结委员。1952年病逝，终年71岁。

**6. 粟裕：无冕元帅，一代战神**

粟裕（1907～1984年），侗族，湖南会同县伏龙乡（今坪村镇）枫木树脚村人，中国无产阶级革命家、军事家、中国人民解放军的主要领导人，中华人民共和国十大大将之首。1927年参加叶挺领导的国民革命军第二十四师，同年6月加入中国共产党，任教导队班长，参加著名的南昌起义。粟裕大将戎马一生，身经百战，取得了一系列经典战役的胜利，车桥大捷、苏中七战七捷、孟良崮战役、豫东战役、淮海战役等都堪称经典，为中国人民的解放和中华民族的独立建立了不朽功勋。福建武平战斗中，他头负重伤，仍以坚强的毅力赶上部队；在攻打硝石的战斗中身负重伤，左臂残疾；参加了转战赣南、闽西和开辟中央苏区，开展第一至第五次反"围剿"的艰苦斗争，被朱德赞誉为"青年军事家"。在浒湾战斗中，他率领数百人防守十余里的阵地，阻击国民党军一个师的进攻，英勇善战，多次打退敌人的进攻并缴获了一些武器装备，坚守了两天，完成阻击任务。在垂暮之年，粟裕先后撰写、出版了《激流归大海——回忆朱德同志和陈毅同志》《千万里转战》《粟裕战争回忆录》《粟裕军事文集》《粟裕论苏中抗战》等许多著作，这不仅是我党我军辉煌发展历程弥足珍贵而又真实生动的记录，也是对全国各族人民进行爱国主义和革命传统教育的优秀教材。

## 三　沅江流域思想文化学术发展及相关杰出人物

### （一）远古至战国时期沅江流域相互交融的古文明

30 万年前沅江中游出现了"潕水文化类群"，从旧石器时代早期的后一阶段一直延续到中晚期。当时的居民主要依赖天然的食物资源过着渔猎采集生活。在沅江流域的一些遗址中，典型的夏商文化陶器可以印证，在夏商时期，中原文化就已扩张到沅江流域，如沅江流域内，芷江、黔阳（今洪江市）、怀化、会同、麻阳、辰溪、沅陵等县（市）发现同一类型的旧石器地点 60 余处，石料多采用河卵石，说明当时的人类聚居点是沿河分布，离水源非常近。

距今约 7800 年的高庙文化可以说是沅江流域新石器时代最具代表性的文化。高庙遗址位于洪江市安江镇，地处沅江北岸的一级台地上。这是一处面积约 3 万平方米的贝丘遗址，出土了大量精美白陶，陶器上有迄今为止中国年代最早的凤鸟、兽面和八角星等图案，高庙遗址包含了一处面积约 400 平方米的祭祀场所，说明当时的人们已经有了宗教信仰。从出土文物来看，高庙文化以洪江为中心，南边传到了珠江三角洲、台湾、东南亚，向东传到了浙江、上海、太湖流域，影响了洞庭湖区以及岭南珠江流域新石器时代同期文化。

春秋战国时代，沅江流域属于楚国管辖。《战国策》记载，在楚威王时代，就在沅江流域设置了"黔中郡"，这是湖南全境最早的行政区划，今天仅在常德一地，就已发现楚墓 5000 余座。楚怀王给自己的弟弟鄂君启发放了青铜铸造的通关运输免税凭证，这些凭证被称为"鄂君启节"，有舟节和车节两种，详细规定了鄂君启水路、陆路交通运输的路线、运载额、运输种类和纳税情况，用时双方各持一半，合节验证无误才发生效力。有 4 块铜节在 1957 年安徽寿县发现，其中一块舟节的铭文上清晰地刻着"沅"，同时还有湖南"一湖四水"的"湖"、"湘"与"澧"，说明上述区域在当时已经属于楚国领土，是征收赋税的范围。

巴人起源于湖北清江流域，为"廪君"巴务相之后，周初受封建立巴子国，其疆土大致为今鄂西和重庆一带。沅江流域在春秋时期已有少量巴人徙入，战国中晚期，巴国灭亡，其遗民有部分流入黔中郡，散居于湘西北和湘西的"蛮""濮""越"族群之中。在溆浦县的大江口和马田坪等地，都出土过战国时的巴人墓，其随葬物品具有强烈的巴蜀文化（今巴渝文化）特色，并且，在战国时期的楚人墓中，也发现了部分带有巴人文化特征的物品。这说明，当时的沅江流域，已经有多种族群的文化并存。

湘西土家族苗族自治州龙山县里耶镇出土了 3 万余枚竹简，时间跨度从公元前 222 年到公元前 208 年，是秦洞庭郡迁陵县（今保靖）的官方档案，被称为"里耶秦简"，里耶秦简内容丰富，涵括物产、户口、土地、赋税、徭役、仓储、兵甲、刑徒、祭祀、道路、教育、医药、交通等政令和文书，其中包括沅江流域各县名及各县相距的里程数。从已经解读出来的里耶秦简来看，当时的沅江和沅江支流酉水，是当地的交通要道，舟行水上是当时最便捷和快速的运输方式。即使地处秦帝国的边陲，迁陵武器库的清单中赫然出现了弩箭，这在当时是最先进的武器，青铜箭镞上有血槽设计，极具杀伤力。

（二）秦汉至唐宋时期沅江流域文化与学术传承

到了秦汉时期，中原文化大量流入，以里耶古城遗址为代表的700多处先秦时期文化遗址，表明沅江流域早在先秦时期就成为中原文化与西南文化的交汇地，对周边具有极强的文化辐射作用，影响了大半个中国。秦始皇三十四年（前213年），为统一思想，防止书生借古讽今，秦始皇采纳李斯的建议，下令焚烧除秦国以外其他列国的史书，对不属于博士馆的私藏《诗》《书》等也限期交出烧毁。相传儒生伏胜偷运禁书5车，一路南逃，躲进了深山密林中的二酉洞，终于保住春秋诸子百家经典不致断绝，为中华五千年书香延续立下不可磨灭的功勋。二酉洞指大酉、小酉两处天然洞穴，大酉洞在今天的辰溪，小酉洞在今天的沅陵，民间传说中两洞有暗道相通。后即以"二酉"称丰富的藏书。

西汉初期，民生凋敝，百废待兴，此时，黄老思想居于文化形态的主导地位，王朝政治的主旨是清静无为，而使天下百姓休养生息。汉武帝时期，强盛的帝国具备了显赫的威力。在思想文化领域，则开始实行"罢黜百家，独尊儒术"的政策，经营起与大一统帝国统治相适应的意识形态体系，汉代的学术文化形态由此而奠基并迅速发展。这种文化形态综合了帝王之倡导、官学之设立、风尚之趋赴、糅生之创造等诸多因素，其中最具代表性的内容，或可以称为"汉代经学"。东汉的思想文化发展，大体上仍然沿承着西汉模式。这一时期的沅江流域，由于大量南迁的中原人，与当地的世居民族之间矛盾重重，"武陵蛮"起义频繁，同一时间段，沅江旁边的澧水也时常发生"澧中蛮"起义，两相呼应，相互支援，对抗汉廷。在与汉廷对抗的过程中，"武陵蛮"地区形成了自身的土著神话传说，也有其鲜明特色。最有名的，莫过于出自武陵郡的槃瓠神话与出自南郡的廪君神话。

从三国到南北朝，在这数百年间，国家大多处于分裂状态，在国家和民族不断动荡、变迁中，民族之间的接触、交流与融合得到进一步加强，经济社会仍有新的发展，而文化方面的发展和成就更为突出。魏晋南北朝时期突出的社会思潮是清谈和玄学，这种风气也蔓延到了沅江流域，出现了一批颇有名气的清谈家和玄学家，最为著名的是潘京、伍朝和龚玄之，此三子皆为汉寿人，以好学闻名。此外，武陵人黄闵和伍安贫皆是南北朝时著名的地学家，前者著有《神壤记》、《沅陵记》和《武陵记》，后者著有《武陵图志》。佛教传入中国后与中国本土的儒家和道家思想相融合，诞生了具有鲜明中国文化特质的佛教宗派——禅宗。隋唐时期，禅宗在沅江下游的常德得到了大发展，在常德活动的禅宗高僧有 60 余人，澧州慧演、药山惟俨和德山宣鉴是曹洞、云门、法眼三宗发展承前启后的重要人物。

唐朝国势强盛，高度繁荣，创造了中国古代文化一段辉煌的历史，对后世影响甚大，沅江流域的很多少数民族，习惯上以"唐人"替代"汉人"，他们的口头传说、山歌故事中，许多涉及历史朝代的，不去细究真正发生的年代，一律以"唐代"称之。侗族地区的婚俗中，男方来迎亲那天，女方要效仿传说中唐王考校吐蕃使者那样，与迎亲使者盘歌对唱，考校对方才智。贞观元年（627 年），唐太宗李世民即位后下旨在沅陵修建龙兴讲寺，讲寺也就是弘扬佛法、讲授文明之地，这是世界上现存最古老的书院，官府希望通过佛法推行，以"仁治"代替"武治"，感化当地少数民族，进而达到稳固朝廷统治的目的。唐代在桃源还有一所天宁书院，但事迹无考。在这段时间，湖南名人辈出，在各个领域都有杰出人才。澧州（今张家界市）人李群玉（808～862 年）极有诗才，"居住沅湘，崇师屈宋"，"诗笔妍丽，才力遒健"，经宰相裴休邀请，向唐玄宗献诗，并得授弘文馆校书郎。邵阳人胡曾（839～?），曾为高骈幕僚，高骈任剑南西川节度使期间，笺奏多出自胡曾之手。

五代时期，马殷占据潭州（今长沙）建立楚国，其政权维系了将近 60 年。马楚政权将沅江流域境内的少数民族政权都收归麾下，客观上起到了"保境安民"的作用，在经济和文化上面采取了系列积极措施，促进了沅江流域的发展。天福四年（939 年），马希范建天策府，置十八学士，粉饰宫廷，但是也提高了士人的地位。

北宋初年，推行与民休息、劝课农桑等政策措施，社会秩序逐渐恢复，经济稳步提升，天下安定，人心思治，士人阶层读书愿望强烈，在政府的扶持下，书院兴盛，而湖南的书院尤为名声显赫，有"天下名院半在湖南"之说，沅江流域的著名书院有慈利的清溪书院。南宋时期，在理学家胡国安、胡宏、朱熹、张栻等人的努力下，理学进入书院，培育了书院文化与理学相融合的格局，将湖湘学派的学术能力提至全国顶尖水平，沅江流域涌现出诸如慈利的清溪书院、通道茶城书院、靖州侍郎书院、沅陵张氏书院和泸溪东洲书院等一大批著名书院。从北宋开始，政府对沅江流域的少数民族地区进行了开发，当地民族所保持的民族文化，在宋代也开始引起关注。陆游在《老学庵笔记》中用了较长篇幅记载辰州、沅州、靖州三地的少数民族，包括族称、生产劳作、婚俗、饮酒、歌舞等风俗。浙江桐乡的朱辅曾在沅江中游"五溪蛮"地区为官，他根据自己的见闻，记录了当时当地的物产和民风民俗。

（三）元明清至民国时期沅江流域文化与学术传承

元朝时期疆域超越历代，多民族的国家进一步巩固，商品经济和海外贸易较繁荣，其间出现了元曲等更世俗化的文化形式。元朝的阶级矛盾和民族矛盾非常突出，赋役制度复杂，民族压迫严重，统治期间爆发了无数次农民起义。不少士人阶层以在元廷为官为耻，退居山林，创办书院，教授学生。为了能实现长治久安，统治者不得不推崇理学，对书院采取保护措施，创建或恢复书院。沅江流域著名的书院有：靖州广德书院，城步儒林书院，常德沅阳书院，澧州溪东书院、车渚书院、学殖学院，慈利环溪书院等。

元末明初的战乱，使沅江流域迁进了大量外来人口，史称"江西填湖南"，大量移民的进入，进一步孕育了沅江流域的多元文化。洪武四年（1371年），朱元璋派来自新疆的维吾尔族将领哈勒·八十率军南下驻常德府，因翦除元王朝势力有功，赐姓"翦"，屯兵桃源县枫树岗，他的一部分后人定居于此，哈勒·八十成为常德地区翦姓维吾尔族的始祖。永乐二年（1404年），奋武将军黄隆兴从北平赴常德府履职，他的后代在汉寿定居，这就是该县黄姓回族的来由。

明代，书院兴盛、人才辈出、文化繁荣，湖湘学派在全国都有重要影响。沅江流域出现了辰州（今沅陵）翠山书院、崇正书院、虎溪书院、让溪书院、龙山书院，靖州鹤山书院、作新书院、武功书院、紫阳书院，沅州（今芷江）明山书院，黔阳（今洪江）宝山书院、朗溪书院，辰溪大酉华妙洞书院，城步秋江书院、潜龙书院、儒林书院，常德阳明书院、闻山精舍、桃冈精舍、高吾精舍，桃源漳江书院，永顺若云书院，绥宁南山书院等著名书院，一时蔚为大观，竞引周边学子争相赴之求学。书院培养了不少杰出人才，比如沅陵籍的嘉靖五年（1526年）进士王世隆，早年曾在辰溪大酉华妙洞书院读书，后跟随著名理学家湛若水学习，历官至贵州副使。

清代的前中期，政治相对清明，各级儒学和书院的增修、新建为数不少，学校教育和科举加速发展，沅江流域涌现了不少进士、举人。在少数民族聚居地区，清王朝实行"改土归流"，并普遍兴教办学。黔阳（今洪江）有龙标书院，会同有三江书院、雄溪书院，麻阳有锦江书院，辰溪有大酉书院，溆浦有卢峰书院、紫峰书院，芷江有秀水书院、钟毓书院，新晃有潕阳书院。

在清后期的数十年间，内外交困，危机四伏，国家民族濒临危亡关头。湖南前所未有的近代人才群体的涌现，直接影响了湖南乃至中国历史的发展。湘军兴起后，由凤凰士兵组成的"威虎营"是湘军中的英勇之军，所向披靡。湖湘学的经世思想传统与近代思潮相结合，产生新式学堂，如芷江境内的沅水校经堂是新式学堂的杰出代表，以"实学课士"为宗旨，"阐知行一致之实际"，且研究新学，为维新、革命事业培养了人才。

（四）近代以来沅江流域共产主义思想发展

作为中国系统介绍马克思主义第一人，赵必振在艰苦的环境下先后翻译出版30余部日文版著作，传播了当时最先进、最新锐的思想学说，从此打开了国人认识社会主义的窗口。1921年，新民学会会员、毛泽东的校友蒋竹如受命在溆浦办了文化书社溆浦分社，经销《共产党宣言》《新青年》等马列著作和进步书刊。1916年，向警予从周南女校毕业，回到家乡，得到当地进步人士的支持，创办了男女合校的溆浦小学堂，并担任校长，在争取革命胜利的同时，积极号召妇女解放。1921年，麻阳人陈佑魁经毛泽东介绍加入中国共产党，为团结教育麻阳旅省青年学生，向麻阳人民宣传马克思主义，陈佑魁发起和倡导成立了"麻阳旅省学友会"。1924年，为联合全省麻阳籍学子共同改造麻阳，陈佑魁、滕代远、滕代顺等人联合全国各地麻阳籍青年学生，以共产党员和共青团员为骨干，成立了"麻阳新民社"，总社设在常德，社刊为《锦江潮》。1924年夏，陈佑魁调任中共湘区委宣传部长，往来于常德、衡阳、衡山、湘潭等地，组建了中国共产党衡阳和常德两个地方委员会。同一年，孙家信受中共湘区委委派在家乡麻阳建立了中共麻阳特别支部，向五九建立了中共溆浦小组。他

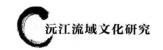

们深刻地揭露了黑暗势力的各种罪行及其伪善面目，有力地唤醒了沉睡的人民群众，这些共产党人用青春和热血传播了先进的共产主义思想，极大地激发了工人阶级和广大劳动群众同反动派进行殊死斗争的勇气，为尚在革命征程中摸索的人们，点亮了一盏指路明灯。

（五）沅江流域重要思想文化人物

在沅江流域的历史进程中，除了无数名臣名将、英雄豪杰在沅江流域留下浓重一笔外，还涌现了一大批思想文化名人，点缀着沅江流域灿烂的文化。相传"中华德祖"尧帝之师善卷在二酉山隐居，教化愚蛮。秦时博士官伏胜为避秦始皇焚书坑儒，千里迢迢冒死藏千卷书简于二酉，留下了"学富五车""书通二酉"千古名言。还有屈原在此留下了无数不朽诗篇和忠君爱国思想。唐代有李白、王昌龄、刘禹锡等先后谪迁沅江流域，他们在当地的"兴教""化俗"及诗文创作活动，对沅江地区文化的发展兴盛和风尚传统的演化、提高，均产生了深远的影响。宋宁宗时期，贬谪到靖州期间，魏了翁专注读书讲学和研治学问，声名远播，靖州一度成为理学重镇。明初理学之冠薛瑄在湖广银场即沅州（今属湖南省怀化地区）银场任职期间，"首黜贪墨，正风俗，罢采金宿蠹，沅民大悦"。明代王阳明被贬贵州龙场驿，在沅陵、辰溪、黔阳（今洪江）、沅州等沅江流域地留下了他布道讲学足迹。其再传弟子孙应鳌，更是继承和发扬了王阳明的学说思想，建立起颇具特色的"仁本"心学思想体系。

从北宋初年开始到清代，在政府的扶持下，书院兴盛，大量书院的出现培养了大量杰出人才，如嘉靖五年（1526年）进士王世隆、民国总理熊希龄及张学济、张伯良、毛延龄等。

近代以来，湖湘学的经世思想传统与近代思潮相结合，产生了熊希龄、宋教仁等一大批维新变法志士和民主革命先行者。桃源人宋教仁为中国民主政治而献身，"为宪法流血，公真第一人"。溆浦人严如煜"讲性理、笃践履、重经世"，关注现实，忧心国事，成为清代经世学派的重要代表人物之一。常德桃源人翦伯赞治学严谨，著作宏富，为中国马克思主义历史科学的重要奠基人之一。溆浦人舒新城一生苦学自励，主编新旧《辞海》30余年，被誉为《辞海》之父。凤凰人沈从文文笔多情，被誉为从湘西走出来的一代文学大师。新民主主义革命时期，从沅江流域走出来的陈佑魁、向五九、滕英斋、严文清、蒋希清等一批青年学生加入了中国共产党，他们积极向家乡传播马克思主义，为近代中国寻求着救亡图存道理。正是这样一批批文人志士引领着沅江流域思想和文化发展的时代潮流，让各种思想文化交流交融成沅江流域灿烂的思想文化篇章。

**1. 善卷：中华德祖**

善卷，又称单卷，相传为尧舜时隐士，乃尧帝之师。他辞帝不授，在二酉山隐居，给当地百姓传授人生礼仪，教化愚蛮，世称"中华德祖"。善卷的思想言行是儒家、道家、法家的源头，在沅江流域留下了深刻印记。宋代朱熹曾祀其祠，并给了善卷非常高的评价。宋真宗给善卷封墓，墓道禁樵采，建善卷祠，立善卷观，封善卷为"高蹈先生"。宋徽宗给善卷赐号"遁世高蹈先生"。善卷文化遗迹散布于各地，如安化和桃源有"善溪"，辰溪有"善卷祠""善卷墓"，常德有善德山，宜兴有"善卷洞"等，这些地方都是善卷曾到过的地方。常德东南十五里沅水之滨有奇峰突起，后因善卷的缘故，改名善德山。安化有溪名善溪，据传此溪因善卷在此隐居而得名。溆浦有卢山，山顶上修有"仙隐寺""善卷庙"。辰溪不但是善卷的最后归隐地，也是他的墓址所在地。善卷作为上古高士的代表，被认为是"德之始祖"。他坚守本心，淡泊名利，心系百姓，从帝王将相到普通百姓，都对他十分敬仰。

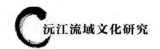

沅江流域文化研究

**2. 屈原：开创楚辞新体诗，一代宗师终许国**

屈原（约前340～前278年），战国时期楚国诗人、政治家，出生地为楚国丹阳（今湖北省宜昌市），芈姓，屈氏，名平，字原，又自云名正则，字灵均，战国时，楚武王熊通之子屈瑕的后代。早年受楚怀王信任，任左徒、三闾大夫，兼管内政外交大事。他提倡"美政"，主张对内举贤任能，修明法度，对外力主联齐抗秦。因遭贵族排挤诽谤，被先后流放至汉北和沅湘流域。公元前278年，秦将白起攻破楚都郢（今湖北江陵），屈原听闻楚都被秦攻破，顷襄王出逃陈城，极为悲痛，写《怀沙》一篇，于五月初五日投汨罗江，以身殉国。溆浦人还在他曾经住过的茅坪山边修了一座招屈亭，以纪念屈原。这座招屈亭，几经修葺，一直保留到了民国初年。

**3. 王昌龄：七绝圣手王龙标**

王昌龄（698～756年），字少伯，山西太原人，盛唐著名诗人。唐玄宗开元十五年（727年）中进士。王昌龄与张九龄关系密切，与孟浩然交谊深厚，与高适、王之涣齐名为"边塞诗人"，"联唱迭和，名动一时"，他写的"宫怨诗"和"闺怨诗"也广为流传，有"诗家夫子""七绝圣手"的美誉。唐玄宗天宝七年（748年），王昌龄由江宁丞被贬龙标（今洪江市黔城镇）尉，在龙标七年，他"为政以宽"，"政善民安"，呈现各民族团结的局面，留下"苗女听歌""佳句退兵"等传说，对沅江流域中上游的文化有很大促进作用。

**4. 刘禹锡：一代诗豪，豁达一生**

刘禹锡（772～842年），字梦得，籍贯河南洛阳，生于河南郑州荥阳，唐朝时期文学家、哲学家，有"诗豪"之称。贞元九年（793年）进士及第，后迁至监察御史。参与"永贞革新"，革新失败后，屡遭贬谪。刘禹锡诗文俱佳，与柳宗元并称"刘柳"，与白居易合称"刘白"，著有《刘梦得文集》《刘宾客集》。刘禹锡被贬在朗州（今常德）前后近十年，在朗州，刘禹锡并没有在幽病困苦中丧失斗志，反而积极入世，走向丰富深刻的诗豪人生。他关怀当地百姓，走进他们的生活，收集整理"民谣俚音"，下了很大功夫对其提炼和再创作，使其"开朗流畅、含思婉转"，创作了《竹枝词》《采菱行》等一批反映地方风情的诗歌。在此期间，他还写了多篇哲学论文，最重要的便是与柳宗元《天说》相呼应的《天论》三篇，论述天的物质性，分析"天命论"产生的根源，具有唯物主义思想。

**5. 魏了翁：长于吏治，理学殿军**

魏了翁（1178～1237年），字华父，号鹤山，四川邛州蒲江人。宋宁宗庆元五年（1199年），魏了翁进士及第，后迁官至权工部侍郎。宝庆元年（1225年），魏了翁得罪权臣，降秩三等，被贬靖州，七年后复职，终福建安抚使。年六十卒，谥"文靖"，追赠秦国公。魏了翁是两宋重臣，他所处的时代，内忧外患，积贫积弱。魏了翁长于吏治，实学实用，任地方官时，善于利用当地民风民俗，顺势而治，每到一处，修河堤、葺城楼、整军备、兴学校、复社仓、创义冢，建养济院，治绩大著，众人有口皆碑。魏了翁贬谪靖州期间，澄心静虑、精研学问，取得了丰硕的学术与文学创作成就。靖州是侗族苗族的世居地，在当时非常僻远落后，居民不满四十户，但山水怡人、物产丰富、民风淳朴，而且当地官员对魏了翁非常尊重和热情。初到靖州，他马上着手在城东纯福坡筹建鹤山书院，用来读书讲学和研治学问，声名远播，靖州一度成为理学重镇，"湖湘江浙之士不远千里负笈来学"，士人学风为之一变。魏了翁贬谪靖州期间，是他学术研究与诗文创作的黄金时期，可以说他在学术和创作上的重要地位主要是这一时期奠定的。他在靖州撰写了《渠阳集》和《九经要义》。《鹤山渠阳读书杂钞》《经外杂抄》《鹤山先生渠阳诗》等在贬谪期间已有抄本流传。

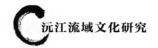

**6. 薛瑄：明初理学之冠，道学之基**

薛瑄（1389～1464年），字德温，号敬轩，河津（今山西省运城市万荣县里望乡平原村）人，明代著名的政治家、理学家、法学家、教育家、文学家。官至通议大夫、礼部左侍郎兼翰林院大学士，入内阁参与机务。天顺八年（1464年）卒，赠资善大夫、礼部尚书，谥号文清。薛瑄是河东学派的创始人，世称"薛河东"，他是明代从祀孔庙第一人，被誉为"明初理学之冠"，"开明代道学之基"。薛瑄年近三十时仍随父亲求学，将主要精力用于研读程朱理学，阅读兴趣广泛，对科举不感兴趣。明永乐十九年（1421年）中进士。宣德三年（1428年），薛瑄被任命为广东道监察御史，并监湖广银场。湖广银场即沅州（今属湖南省怀化地区）银场，辖湘西十余县二十多处银矿，有民夫五十余万人。这里多年管理混乱，贪污成风，亟待整治。薛瑄深知肩负责任重大，便以唐诗"此乡多宝玉，切莫厌清贫"自警。他亲自到各矿场察访，往复巡视，承办要案，弹劾了贪官污吏，镇压了土豪劣绅。据《薛文清公年谱》记载，他"在沅凡三年余，所至多惠政。首黜贪墨，正风俗，罢采金宿蠹，沅民大悦"。薛瑄从政生涯中，为官清廉，两袖清风，不畏权贵，伸张正义，人称"一代廉吏"，被誉为"光明俊伟"的清官。薛瑄一生著述颇丰，有《读书录》、《读书续录》、《理学萃言》、《从政名言》以及《文集》二十四卷，薛瑄学说对当时和后世的影响很大。

**7. 王阳明：龙兴讲寺布道，心学思想瓜瓞**

王阳明（1472～1529年），名守仁，字伯安，世称阳明先生，浙江余姚人，明代著名哲学家、思想家、教育家和军事家。弘治十二年（1499年）考取进士，历任刑部主事、贵州龙场驿丞、庐陵知县、右佥都御史、南赣巡抚、两广总督等职，官至南京兵部尚书，封新建伯，谥文成。有《王文成公全书》传世。王阳明一生坎坷，历经磨难，但崇德尚义，文韬武略，成就卓著，尤其是他创立的"阳明心学"，在明以后思想界占有重要地位，影响深远，也因此与儒学创始人孔子、儒学集大成者孟子、理学集大成者朱熹，并称为"孔孟朱王"。其学术流传至今，堪称学界巨擘、"百世之师"。明武宗朱厚照正德元年（1506 年），宦时任兵部主事的王阳明，率先上朝谏疏救援戴、薄二位，触怒了刘瑾一党，遭受无端诬陷，谪贬至贵州龙场（贵阳西北七十里，修文县治）当龙场驿站驿丞。在进入辰州府治沅陵地界后，王阳明一路溯沅水而上，访古留诗。他拜伏波庙，访辰溪大酉洞、钟鼓洞、过罗旧驿、沅水驿。正德六年，王阳明离开贬谪地贵州龙场赴任庐陵郡，一路乘船顺江东下，到达溆浦，在此期间，王阳明特地接受辰州（今沅陵）学子之邀，在龙兴讲寺内讲学会友一个月，并在龙兴讲寺写下了著名的题壁诗《辰州虎溪龙兴寺闻杨名父将到留韵壁间》："杖藜一过虎溪头，何处僧房是惠休？云起峰头沉阁影，林疏地底见江流。烟花日煖犹含雨，鸥鹭春闲欲满洲。好景同来不同赏，诗篇还为故人留。"而王阳明在寺内讲学的地方后由其弟子筑虎溪精舍，后改名虎溪书院。随后王阳明经醴陵进入江西萍乡，于1510年3月抵达江西庐陵就职，开启了心学大师知行合一、立德立功立言"三不巧"的伟大征程。王阳明之学，通过他的一批湘籍弟子，以及一批外省籍的王门弟子在湖南的讲学，培养了一批王学再传弟子，使阳明学与湖湘文化交融，瓜瓞绵绵。

**8. 严如熤：经世致用，务实爱民**

严如熤（1759～1826 年），字炳文，自号乐园，溆浦县桥江镇章池村人，乾隆二十四年（1759 年）生，十三岁时补诸生，就读于岳麓书院，乾隆五十四年（1789 年）举优贡，研究舆图、兵法、星卜之书，尤其留心兵事。严如熤是清代中期颇有政绩的地方官吏兼舆地学者。严如熤虽然生活在考据学居学术主流地位的乾嘉时期，却能秉承湖湘学派"讲性理、笃践履、重经世"的学术传统，以经世致用为著述之的，以舆地之学为经世之具，在舆地研究方面成就显著，一生先后撰有《苗防备览》《洋防辑要》《三省边防备览》《汉中府志》《乐园文钞》《乐园诗钞》等多种著述，其中大部分内容是在长期为官过程中，为了解决现实问题，经过实地考察，并参考相关资料纂辑而成，充分体现了一个学者关注现实、忧心国事的经世精神，也正因为如此，严如熤被誉为清代田野派学者，是清代经世学派的重要代表人物之一。

### 9. 翦伯赞：学术一生，著作宏富

翦伯赞（1898~1968年），维吾尔族，湖南常德桃源县人，著名历史学家、社会活动家、教育家，中国马克思主义历史科学的重要奠基人之一。翦伯赞是马列主义新史学"五名家"之一。他治学严谨，著作宏富，为史学界所推崇和颂扬。1925年翦伯赞从美国加利福尼亚大学毕业后回家，投笔从戎，参加国民革命军。大革命失败后，翦伯赞开始用马克思主义观点潜心研究中国社会和历史问题。30年代初翦伯赞在上海开始从事中国古代史的研究，并参加了中国社会性质的论战，他开始运用马克思主义的理论，提出中国农村社会的本质是封建的生产方式，中国是半殖民地半封建社会，必须在无产阶级领导下进行新民主主义革命等。1937年，翦伯赞在南京秘密加入中国共产党。1937年"七七事变"后，翦伯赞与吕振羽等发起组织"中苏文化协会"湖南分会和"湖南文化界抗敌后援会"等，并任常任理事，主编《中苏半月刊》。1939年，翦伯赞与谭丕模、张天翼等一起前往湘西溆浦民国大学任教，团结进步学生。1961年春，翦伯赞兼任全国高等学校历史教材编审组组长，主编通用教材《中国史纲要》《中国古代史教学参考资料》《中国通史参考资料》《中外历史年表》等。1968年翦伯赞去世，享年70岁。

**10. 舒新城：《辞海》之父**

舒新城（1893～1960年），原名玉山，字心怡，号畅吾庐，湖南溆浦人，著名教育家、出版家、辞书学者。舒新城一生苦学自励、从事文化教育出版事业近50年、主编新旧《辞海》30余年，主要著作40余种。1922年，中华书局局长陆费逵与舒新城邂逅，将其视为《辞海》主编的不二人选。舒新城于1930年正式加入中华书局，出任编辑所长，组成编辑所的字典部。舒新城导入英文《韦氏大辞典》的收词标准和编写方法，并加注新式标点，突破了传统的编撰体例。《辞海》上册、下册在1936年、1937年分别出版。1957年，舒新城出任中华书局辞海编辑所主任，主持修订《辞海》。1960年舒新城病逝，终年67岁。

**11. 沈从文：星斗其文，赤子其人**

沈从文（1902～1988年），原名沈岳焕，字崇文，湖南凤凰县人，著名作家、文物研究者。14岁时，他投身行伍，浪迹湘川黔交界地区。1924年开始进行文学创作，撰写出版了《长河》《边城》等小说。1931～1933年在青岛大学任教，抗战爆发后到西南联大任教，1946年回到北京大学任教，新中国成立后在中国历史博物馆和中国社会科学院历史研究所工作，主要从事中国古代历史与文物的研究，著有《中国古代服饰研究》。文学作品有《边城》《湘西》《从文自传》等，在国内外有重大的影响。他的作品被译成40多个国家的文字出版，两度被提名为诺贝尔文学奖评选候选人。

**12. 宋教仁：民主政治先行者**

宋教仁（1882～1913年），字遁初，号渔父。清光绪八年生于湖南桃源县南上坊村香冲（今八字路乡渔父村）。6岁入私塾，17岁入桃源漳江书院，受县教谕黄彝寿（长沙人）和书院山长瞿方梅（保靖人）等的熏陶，对腐败不堪的清王朝统治乃至整个封建社会制度萌发不满情绪。18 岁补博士弟子员，其母教导他："秀才当以天下为忧乐，岂在区区科举耶？汝求其大者可耳！"其时，戊戌变法以失败告终。宋教仁认识到改良主义行不通，拯救中国必须走武装革命道路。清光绪二十八年（1902 年），宋教仁考入武昌文普通学堂，旋因与吴昆、田桐等人从事反清秘密活动，被开除学籍，翌年，在武昌两湖书院结识宣传"排满革命"的黄兴，遂成莫逆之交。同年 11 月，宋教仁以赴黄兴 30 寿宴为名，与黄兴、刘揆一、陈天华、章士钊、周震麟等在长沙黄宅筹创华兴会。此次聚会，宋教仁甚为活跃，言辞睿智，谈吐不凡，思想激进，见解精辟，深受与会者等赞佩。1904 年 2 月，华兴会在长沙正式成立，选黄兴为会长，宋教仁为副会长。该会提出"驱除鞑虏，复兴中华"的政治纲领，准备在长沙举行武装起义，为筹集起义经费，黄兴、宋教仁都不惜卖大量家产。为联络军界和学界，宋教仁于这年 7 月在武昌发起创建"科学补习所"，任该所文书。该所以"排满革命"为宗旨，以"科学研究"为掩护，在新军和学校中开展革命活动。宋教仁为中国民主政治而献身，正如孙中山在挽联中评价的那样："为宪法流血，公真第一人"。1950 年 12 月，周恩来代表中共中央和政务院，为宋教仁的儿媳叶惠英亲笔签发烈属证明，确认宋教仁的革命烈士身份。①

---

① 桃源县地方志编纂委员会编《桃源县志》，湖南人民出版社，1995，第 575～577 页。

# ‖ 第六章 ‖

# 当代沅江文化的开发利用与创新

沅江自古以来是沅江流域人类社会发展和兴盛所依靠的水源，养育了沅江流域数千年灿烂的文明。沅江流域文化遗产，不仅历史悠久，种类繁多，涵盖面广，而且文化价值高，享誉度高，影响深远。

## 一 沅江人的文化自豪感

数千年以来，沅江人在沅江流域创造了内容广泛、内涵丰富、蕴含厚重、概念独特的沅江文化，作为中华优秀传统文化重要组成部分的湖湘文化源远流长、博大精深，具有独特的文化品质和文化魅力，它是中国乃至世界文化中的一颗璀璨的明珠。老子曰："上善若水，泽被万物而不争名利。"老子所推崇的美好品行的最高境界是要像水一样，既"泽被万物"又"不争名利"。沅江人具有上善若水的文化性格。其一，水往低处流，总体上，沅江人文化性格是平和、低调和宁静的。其二，水包容万物而不争，是"有容乃大"的博大。沅江流域历史上多民族杂居，很少有较大和激烈的民族纷争，域内各民族和谐相处，特别是对汉文化的吸收表现为很大的开放性。其三，水是智慧和生命的象征，沅江人发达的稻作、山地开发等表现了如水般的生产和生活智慧。其四，水是清澈透明的，沅江人性格也清澈透明。其五，水有水的激越，历史上的农民起义，以及积极参加民主革命斗争等都显示了沅江人为正义而激越澎湃的一面。管子认为水为万物之本原，沅江人是把水作为生命和族群之源，深刻地铭记在文化记忆中，生命与水的联结铸就了沅江人上善若水的文化性格。水之韵，是沅江的声音，时而悲情，时而高亢，时而低吟，时而呐喊，它是情的奔流，血的翻涌，力的冲撞，水的宣泄；"龙舟赛"火之血、酒之气、山之骨的壮烈场景，是抗与争的魅力所在。历史上，沅江人具有忧国忧民的精神品质和勇武不屈的民族气节，在古老的大地上，创造了包括栽培稻的培育、黏土矿产的利用、城市的建立等，正是这些创造推进了沅江流域社会的文明进程，孕育了沅江人的自豪感。

（一）讲究实效，崇尚进取

沅江属于长江流域洞庭湖水系，为湖南省四大河流之一。沅江流域历史悠久，名胜古迹众多，民族文化奇特，处于老少边穷地区。早在 20 万年前，沅江流域已有远古人类活动。商周时期，沅江流域为濮人、巴人、楚人等古代民族繁衍生息之地。先秦时期，荆楚文化先驱屈原在此行吟，留下旅游文学经典作品。许多杰出的历史人物在沅江流域留下闪光的人生足迹，成为学者研究的对象。可谓"江山代有才人出，各领风骚数百年"。沅江流域绿水长流、水质良好。新中国成立以来，各级人民政府及其水利部门、长江流域规划办公室对沅江流域治理进行多次勘测规划。加强了水土流失治理和水资源保护，改善了水利基础条件，建立了以航运、防洪、水库、灌区、城乡供水、水电开发、水土保持为基础的开发体系，灌溉设施不断完善，生态保护不断加强。沅江人有刻苦耐劳的性格，说话以直率、泼辣著称。沅江文化历来崇尚实际，办事讲求实效；崇尚进取创新，反对因循守旧；倡导朴实节俭，反对铺张浪费。这些都集中体现了沅江人的性格。"百折不挠"，出自《蔡中郎集·太尉桥玄碑》："其性庄，疾华尚朴，有百折不挠、临大节而不可夺之风。"借用"百折不挠"来概括沅江人独特的群体性格，是对沅江人崇尚进取等特征的提升。明清以来，沅江文化孕育了一大批为追求理想信念而坚忍执着、严守民族气节而舍生取义、战胜困难而刚烈雄健的沅江精英，沅江文化在文化个体身上打下的文化烙印可以用"百折不挠"来概括。

（二）多元包容，博采群秀

沅江文化从它形成之日起，就融汇了百家精粹，具有多元、包容的特点。从各个历史时期沅江人及其思想来看，沅江文化的形成和发展是多元的、包容的，它不偏一说，合众家之长，博采群秀，扬长避短，使之具有时代的适应性和开放性。沅江流域地处南北交通要冲，东连西进之枢纽，也是各种文化交相汇合、相互激荡之地。沅江文化撷南北文化之长，促进南北文化相互生发，从而既拥有中原文化的顽强坚毅和现实价值取向，又有南方文化的灵性飘逸与浪漫激情的双重品性。在西学纷至沓来、中西文化激烈对撞的历史时期，这种交融而生的文化，展现出多元包容的特性，以其高度的文化自觉意识，率先开始近代转型，保持了文化自身的尊严。从文化相互影响的角度来说，沅江文化充分汲取外来文明成果丰富和发展自己，也反过来使影响者受到自己的浸润。因此，沅江人有接收外来文明的自觉，多元包容，博采群秀，也彰显出湖湘文化的对外辐射力。沅江文化与整个中国文化结合在一起，并不断吸收外来文化的精华，使自己不断优化和发展。

（三）与时俱进，不断创新

春秋战国时代的楚文化，是沅江文化的早期母体，楚文化中的祝融文化和蛮夷文化是沅江文化的直接源头。沅江文化作为中华传统文化的组成部分，与齐文化、巴蜀文化、吴越文化等区域文化，有着爱国亲民、务实经世的共同点，但由于它形成的历史时代、地域环境和经济条件不同于其他区域文化，因而又具有自己的特色。近代沅江文化，精华、进步、开放、趋新是主流，引进与吸收西方近代政治制度、管理方法、西医西药、铁路修筑技术等先进科技知识。沅江文化是一种与时俱进、不断创新的文化。在古代，沅江文化的形成与发展，同国内各民族文化的交流融合是分不开的；在近代，沅江文化的发展不能不受到西方文化的影响。"五四运动"后，马克思主义传入湖南，以粟裕等为代表的先进知识分子，以沅江人的博大胸怀，走出沅江，接受马克思主义，可谓与时俱进，使沅江文化富有更加旺盛的生命活力。时至今日，在全球化的背景下，沅江人必须坚持以马克思主义、毛泽东思想、邓小平理论、科学发展观和习近平新时代中国特色社会主义思想为指导，不断总结改革开放和现代化建设的新经验，同时，吸收国内其他区域文化和外国文化的最新成果，使沅江文化不断得到丰富和发展。

## 二　沅江文化的挖掘、整合与创新

### （一）沅江文化的挖掘

沅江流域居住着汉族、土家族、苗族、瑶族、侗族、白族、回族等民族。沅江文化作为一种独特的文化，凝聚着沅江流域多民族人们的观念、智慧、意志。在沅江流域多民族形成、发展的不同时段，沅江文化的民族性影响着沅江流域多民族人们的社会生产与生活方式，影响着沅江流域多民族人们的生存状态，它贯穿于沅江流域多民族的历史、文化、政治、经济的发展进程，并深深影响着沅江流域多民族的发展，蕴含十分丰富的历史价值和时代价值。在漫长的历史岁月中，多个民族繁衍生息在沅江流域，创造了丰富多彩的民族传统文化，留下了珍贵的历史文化遗产，沅江文化凝聚着沅江流域多民族人们的观念、智慧和意志。

沅江流经的县区山水相连，自然条件相近，经济相融，民族文化丰富多样。由于多民族杂居，沅江流域各族人民共同创造了丰富多彩的民间传说、音乐、舞蹈、戏曲、曲艺、工艺、美术、民俗等民族民间文化艺术，比如沅陵辰州傩戏、辰溪辰河高腔、溆浦辰河目连戏、新晃侗族傩戏、辰溪茶山号子、通道侗族芦笙、通道侗戏、靖州苗族歌鼟、溆浦花瑶挑花等。

目前，沅江流域有关部门积极引导和支持沅江文化的挖掘。利用基层丰富的平台和灵活多样的形式，推进民族文艺繁荣发展。如举办了吉首鼓文化节、凤凰苗族银饰节、城步"六月六"歌会、通道大戊梁歌会等节庆文化活动，打造了一批独具特色的节庆活动品牌，提高了沅江文化的吸引力和影响力，丰富了各族人民的文艺生活，促进了民族团结和经贸发展。文艺院团创作了一批在全国闻名的少数民族文艺作品，《凤凰》《五彩湘韵》《我的湘西》《盘王之女》等一批民族歌舞精品力作纷纷涌现。培育了凤凰古城旅游有限公司等一批骨干民族文化企业，打造了大型歌舞晚会《烟雨凤凰》《土风苗韵》《梦幻大湘西》，大型山水实景节目《神秘湘西》《天下凤凰》等一批具有国际视野的民族文化品牌。另外，土家织锦、苗绣、瑶族刺绣、花瑶蜡染、宝庆竹刻、木雕、石雕、沙画、傩面具等特色非遗手工艺品，以及民族舞蹈、歌谣等演艺产品还有待着重开发。

（二）沅江文化的整合

从远古时代就有人类在沅江流域定居、繁衍，如沅江流域至今已发现的旧石器与新石器遗址有靖州斗篷坡遗址、洪江高庙遗址、新晃

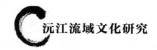

高坎垅遗址、里耶古城、麻阳九曲湾古铜矿井遗址、沅陵黔中郡遗址、虎溪山西汉墓等。古遗址、古墓葬的发掘证明了当时沅江流域的生产力水平并不亚于黄河流域和长江流域。唐代的龙兴讲寺、芙蓉楼，元代出土的侯王墓，明清时期的中方荆坪古建筑群、会同高椅民居、通道芋头侗寨、沅陵虎溪书院等历史文物是辉煌文化的见证。近现代的文化遗产也十分丰富，著名的有芷江受降纪念坊、"湘西会战"旧址、"通道转兵"旧址、向警予故居、粟裕故居、滕代远故居、袁隆平杂交水稻实验基地等。滕代远、向警予、粟裕等杰出人物参与构建的革命文化，既继承了马克思主义的基本理论，具有坚定的革命性和强烈的政治性，同时在革命的具体实践过程中，又带有浓郁的地方性和民族性。这些早期革命家丰厚的马克思主义思想，力图凸显马克思主义的地方化。它与中华文化及各地的红色文化既一脉相承，又有所突破创新。在探索马克思主义地方化的过程中，一方面继承了中华文化中的优秀文化，另一方面又丰富和发展了沅江文化的体系。这些革命家的革命思想及社会实践应根据不同的时代、地域特色和民族特点来理解，它是个人、地域、革命实践等多种因素的"合力"共同起作用的结果。在考察这些早期无产阶级革命家理论与实践的同时，要结合沅江文化时代特点逐一分析以粟裕、滕代远、向警予等为代表的早期革命家理论。尽量将其理论与实践的发展变化置于当时区域性、民族性的经济政治环境中，以及当时中国共产党提倡的马克思主义中国化、马克思主义地方化的大环境之中，对其进行全方位、立体的剖析和论证，以期更好地还原事物的本来面目。在民主革命时期，由以粟裕等人为代表的无产阶级革命家、中国共产党人、人民革命军队、先进分子和人民群众共同创造的沅江流域红色文化遗产，留存至今的大量的农村革命根据地建设、红军长征、抗日战争、解放战争各个时期的重要革命纪念地、纪念馆、纪念物及其所承载的革命精神，是极具区域特色的先进文化遗产，由红色物质文化遗产和红色非物质文化遗产构成，其历史印证、传承教育、艺术鉴赏、科学研究、开发利用、经济助推等诸多价值功能有待进一步研究和整合。

（三）沅江文化的创新

沅江流域的多元文化融合，既表现在多民族文化的融合，也表现在多地域文化的融合，如大湘西的五溪文化、巫傩文化、盘瓠文化等本地文化与湘楚文化、巴蜀文化、云贵文化、岭南文化、吴越文化及中原文化的多元融合。这些文化汇聚于此，并相互影响和融合。[①] 沅江流域各民族通过长期交往交流交融，形成了"你中有我、我中有你"而又各具个性的共同体。沅江流域各民族在交往中加深了解，在交流中取长补短，在交融中和谐共赢。顽强的性格是沅江文化作用于文化个体的集中体现。用"百折不挠"来概括沅江人独特的群体性格，是对沅江人特征的提升。爱国主义是对自己祖国的一种极其深厚的感情，是中华民族生生不息的力量源泉，是中华民族的光荣传统。而沅江文化中的爱国主义传统尤为突出，作为一种文化现象，沅江文化的爱国主义精神有其自身形成和发展的必然逻辑。早在远古时期沅江流域就有先民在这里生活劳动，创造了许多优秀的文明成果，但由于地处蛮荒又一直没有建立方国，因此备受歧视和欺凌，这是沅江人爱国的内在情结。同时，爱国又是沅江人的优良传统。进入近代，随着西方列强入侵中国，民族矛盾急剧上升，沅江文化的爱国主义传统更加发扬光大。其主要体现在三个方面：一是将挽救国家、民族的危

---

① 田光辉：《湖湘文化融入湖南高校文化建设的实践研究——以怀化学院为例》，中国社会出版社，2018，第87页。

亡当作自己神圣的职责和使命；二是为了挽救国家、民族的危亡，焕发出一种百折不挠、勇于献身的精神；三是为了最终达到挽救国家、民族危亡的目的，注重把抵御外国侵略与学习西方有机地结合起来。到了近现代，沅江文化的爱国主义集中表现为反对帝国主义列强的侵略，表现为为了争取中华民族的独立富强而向西方学习科学与民主。到了当代，弘扬沅江文化中的爱国主义传统就应当是与坚持走中国特色的社会主义道路统一起来。但在今天的现实条件下，我们弘扬沅江文化中的爱国主义传统，也仍然需要有一种忧患意识，需要有一种历史的责任感和使命感。沅江文化是中华文化的重要组成部分，在中华文化大花园里，沅江文化是一朵特色鲜明的文化奇葩。它包括哲学、文学、艺术、史学、教育、宗教、民俗民风、科学技术等诸多方面。新时期，沅江流域应紧跟时代步伐，坚持中国特色社会主义的价值取向和发展方向，放眼世界、兼容并蓄、博采众长，广泛汲取世界文明成果，促进沅江文化的发展，大力进行沅江文化的创新。主要应在三个方面着力。一是要顺应世界潮流，强化沅江文化促进发展的价值取向。当今世界的潮流是发展，有利于我们抓住机遇，加快发展。这就要坚持发展这个执政兴国的第一要务，促进沅江文化与经济发展的紧密结合，把热爱祖国与发展建设家乡有机统一起来，进一步转换发展观念、丰富发展内涵、创新发展思路，实现经济增长从主要依靠物质要素投入，向更多依靠科技进步和增强文化实力转变。二是要利用沅江文化资源，扩大湖湘文化的当代影响。文化既是一种精神力量，也是一种物质资源。要发挥沅江文化历史悠久、底蕴深厚的优势，挖掘沅江流域丰富的民俗文化资源，扩大沅江流域人文历史的影响，实现经济效益与社会效益的统一。三是要充实沅江文化的时代内涵，续写沅江文化新的篇章。找准创新沅江文化的着力点，弘扬心忧天下的爱国精神，积极投身中华民族的伟大复兴事业，发扬百折不挠的顽强精神，始终坚持积极进取的奋斗精神。紧紧抓住全球信息化的机遇，在沅江文化中注入市场经济、社会化大生产等新的内涵，推陈出新、不断发展，促进沅江文化实现形态、内涵的飞跃。

## 三　沅江流域文化旅游业的大发展、大繁荣

沅江流域文化旅游业的大发展、大繁荣需要满足四个要素，即政府重视、民族认同、社会普适与文化生态。尤其要重视容易被人忽视的文化生态，否则，生态文化变迁中的体系危机与维度转换将影响沅江流域文化旅游业的大发展、大繁荣。沅江流域文化旅游业的大发展、大繁荣具有较高的经济价值和社会价值，沅江流域地处中国内陆，丰富的文化遗产资源是沅江流域文化旅游业大发展、大繁荣的重要基础。沅江流域文化旅游业的大发展、大繁荣，对促进沅江流域社会经济发展具有不可替代的积极作用。

### （一）加大沅江文化宣传力度，普及沅江文化知识

通过大规模的、持久的宣传教育，让沅江流域文化遗产保护与传承成为全社会的共识，成为全体公民的自觉行为。同时充分利用各种优秀的社会资源，组织开展好沅江流域文化遗产创意开发活动，围绕"弘扬民族文化，延续中华文脉"的传承、保护、创新发展主题，本着沅江流域文化遗产传承教育"从娃娃抓起"的理念，在继承优良传统文化的基础上，以传承和保护沅江流域文化遗产为重点，以丰富多彩、特色鲜明的沅江流域文化遗产创意开发活动为载体，积极引导和培养民众对沅江流域文化遗产创意开发的兴趣，从而形成自觉学习、传承文化遗产的浓厚文化氛围。强化沅江流域民众的家国情怀，助推沅江流域文化、经济社会的发展。加大特色文化数字化

保护和宣传推广。推动图书馆资源数字化改造，开展文化资源数字化建设和编目管理。整合各级图书馆数字资源，打造覆盖沅江流域文化机构的公共数字文化服务系统。深度发掘沅江流域红色文化、和平文化、民俗文化等特色资源价值，推出一批智慧文化旅游精品项目。探索数字博物馆、数字文化馆等新应用，加大沅江流域特色文化宣传推广力度。①

（二）加强文化资源的保护、传承、发展和创新意识

积极主动为文化遗产资源的保护、传承、发展和创新搭建更多有效平台，提供更多的服务和支持，制定行之有效的方案和措施，抓好落实，扎扎实实推进文化遗产资源保护、传承、发展和创新工作。各级财政部门设立文化遗产资源保护、传承、发展和创新专项经费，为文化遗产资源的保护、传承、发展和创新提供充足的经费保障，保障文化遗产资源的保护、传承、发展和创新的顺利、有效开展。要建设门类齐全、结构合理、富有活力的高层次文化人才队伍，构建与文化遗产创意开发相适应的文化人才开发、培养、引进与管理机制。实施"四个一批"文化人才引进和培养计划，聘请、引进和培养一批领军型文化遗产创意开发人才；支持高等院校与文化遗产创意开发企业联合建设人才培养基地，加快培养、培训文化遗产创意开发设计、经营管理、营销经纪人才。

（三）建设与沅江流域文化旅游业大发展、大繁荣相匹配的社会公共服务平台

完善准入机制，进一步放宽市场准入条件和领域，鼓励非公有资

---

① 田光辉：《沅水流域多民族传统文化中的和平理念研究》，《三峡论坛》（三峡文学·理论版）2017 年第 1 期。

本及社会资本进入沅江流域文化旅游业。完善和全面执行文化旅游业开发的各项政策，推进经营性文化事业单位转制为文化遗产创意开发企业。推进政企分开、政资分开、政事分开、政府与市场中介组织分开，转变政府职能，强化市场主体地位，积极营造有利于文化旅游业发展的公开、公平、公正的市场环境。鼓励企事业单位及个体创意人员，参与开发文化旅游业，建设与文化旅游业开发产业相匹配的社会公共服务平台。政府相关部门要大力推动旅游综合管理服务"精致化"发展，打造全域旅游服务和消费维权网络，加强酒店、民宿预定，以及交通运输客运数据的全面监测，强化游客和景区可视化管理，打通政企数据互通共享渠道，开展线上、线下旅游服务平台和机构的量化评估，整合旅游服务平台，提供多国签证和报关"单一窗口"、特色方案定制和在线预定、接待绿色通道等多语种综合服务，鼓励景区开展网络预约购票、景区一键报警、智能停车、多语种伴游、虚拟沉浸式观景游览体验等智慧景区服务。

（四）完善优惠政策，有效引导文化旅游业发展项目投融资

当前，文化旅游业发展已进入快速发展阶段，要利用税收政策对文化旅游业发展进行扶持，发挥好税收支持的作用。国家为支持文化旅游业发展在增值税、营业税、所得税和关税及其他税种方面出台了一系列政策。对于各项政策应予以明确落实。在投融资政策方面，要设立文化旅游业投资基金，对文化旅游业开发企业进行股权投资，提供融资担保服务，支持文化旅游业发展，加大对文化旅游业开发企业的金融支持力度。重点支持文化旅游业开发企业开展高新技术研发与应用、数字化建设和境外拓展等。发展夜间经济和智慧夜游。开展游客行为大数据分析，构建差异化消费者用户画像库，开展多元化旅游服务需求精准分析。基于用户画像库及各旅游区商业价值，因地制宜

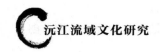

地选择一批商业购物街区合作伙伴，开设不同主题的智慧旅游快闪店，推动特色旅游品牌"走出去"。充分运用 5G + MR 等新技术，创新精品旅游项目、电竞康养、数字孪生 Shopping Mall 等特色旅游消费沉浸式体验，打造智慧旅游名片。探索面向特殊人群的健康信息跟踪、护理信息推送等个性化服务。

（五）提高沅江流域文化旅游业开发服务管理水平

完善文化旅游业开发服务规范和标准，提升服务品质。提升居民文化旅游业开发服务意识。沅江流域文化旅游业开发资源丰富，文化旅游业开发发展迅速，促进了当地经济社会的发展。要鼓励先进文化、科技手段在沅江流域文化旅游业开发中的运用，提升沅江流域文化旅游业开发的知识含量。鼓励专业人士参与沅江流域文化旅游业开发活动。探索运用连锁式、托管式、共享式、会员制、分时制、职业经理制等现代经营管理模式，提高沅江流域文化旅游业开发的运营能力和管理水平。文化资源具有珍贵性和不可再生性的特点，在乡村旅游转型升级背景下，对文化资源的开发与利用必须以保护作为前提条件。因此，必须高度重视文化资源的保护，把好文化产业发展的第一道关口，以便实现有效保护前提下的合理开发和利用。沅江流域民族文化产业的发展离不开制度的保障。完善相关的法律制度、提升公众对沅江流域民族文化产品知识产权保护的法律意识，以及加强沅江流域民族文化产业的地方制度建设都是为促进沅江流域民族文化产业的发展保驾护航的重要举措。必须尊重和落实沅江流域少数民族群众在民族文化开发过程中享有的合法权益，完善利益分配机制，切实保证在少数民族文化资源开发中，当地少数民族群众能够分享到合理收益。因此，既要注重现有相关制度在民族文化产业发展中的宣传执行力度，也要积极探讨制定新的制度。

### （六）加强公共服务设施建设

沅江流域文化旅游业开发公共服务设施建设的主要内容包括沅江流域文化旅游业开发咨询中心、沅江流域文化旅游业开发基地、沅江流域文化旅游业开发数据中心等。沅江流域文化旅游业开发要结合当地乡村振兴战略的实施和美丽乡村建设的实情，进一步加强沅江流域文化旅游业开发公共服务设施建设。在大力发展沅江流域文化旅游的同时，不断改善沅江流域文化旅游业开发环境，加强沅江流域文化旅游业开发公共服务设施建设，加强沅江流域文化旅游业开发基础配套设施建设，提升沅江流域文化旅游业开发保障能力。

### （七）完善沅江流域文化旅游业开发政策法规

在沅江流域文化旅游业开发转型升级背景下，围绕沅江流域文化旅游业开发存在诸多利益冲突，政策法规的介入，将有利于防止不当利用，实现利益平衡，从而促使沅江流域文化旅游业开发得以有效推进。当然，在此需要明确的是，与现代一般政策法规的保护客体不同，沅江流域文化旅游业开发所包含的文化内容，在产业化生产与经营方面还不具备足够的广泛性，通过口传身授代代相传的文化与知识难以形成固定的知识集合，从而存在大量难以规范的问题，特别是其中原始性的知识内容，不符合知识产权保护的相关规定。因此，如何有效发挥政策法规在沅江流域文化旅游业开发中的作用，还有待进一步研究。一般政策法规中的产业政策法规具有产业安全预警机制的作用。在沅江流域文化旅游业开发的早期阶段，应注重普惠性政策法规和定向性政策法规的结合。政策法规目标对文化产业发展的定位越高，越需要普惠性的产业政策法规；同时，定向性产业政策法规也需要确定合理的覆盖面。当前乃至今后很长一段时间，沅江流域文化旅游业开发仍将处于产业发展的初级阶段。所以，要制定促进本地文化旅游业开发的相关法规和条例。另外，还需不断完善文化旅游业开发政策法规，继续坚持直接的、定向性的产业扶持政策、优惠政策，采取政府特事特办的方式和倾斜式优惠的产业政策来支持沅江流域文化旅游业的发展。

### 四　沅江流域乡村文化振兴与创新发展方兴未艾

乡村文化振兴是乡村振兴的铸魂工程，文化兴则乡村兴。乡村文化振兴作为乡村振兴战略的重要一环，对于打赢脱贫攻坚战、全面建成小康社会具有培根和铸魂的功能。自党中央提出围绕"五大振兴"全面实施乡村振兴战略以来，学者们纷纷对乡村文化振兴进行了积极的理论研究。目前，学界对于乡村文化振兴的研究重点集中在乡村文化振兴的价值意义、困境与挑战以及道路建议方面，系统化的理论体系尚未形成。沅江流域要通过总结学者们的研究成果以及存在的问题，助力乡村文化振兴。沅江流域在当前乡村文化建设过程中以传统农耕文明为核心的乡村文化体系急需重构，同时还存在消极落后文化抬头、公共文化服务供给不足等问题。为此，沅江流域需要以社会主义核心价值观为引领，通过加强基层党组织建设、在传承和发展传统文化基础上借鉴和吸收古今中外先进文化、促进城乡一体化发展等措施，从而实现乡村文化繁荣发展，为沅江流域乡村振兴提供精神支持和智力支撑。在全面实施乡村振兴战略背景下，对沅江流域乡村文化振兴与创新发展要不断赋予新的时代内涵和现代表达形式，凝聚发展共识、梳理沅江流域乡村文化、提升乡村文明，打开沅江流域乡村文化振兴与创新发展的新窗口。

**（一）乡村文化振兴助推产业发展、凝聚发展合力**

乡村振兴，文化先行。沅江流域乡村文化振兴能够为沅江流域乡村全面振兴提供哺育和支撑。近年来，沅江流域以习近平新时代中国特色社会主义思想为指导，认真贯彻落实党中央关于农村文化建设的一系列重要部署，乡村文化建设获得了长足发展，但是与实现乡村振兴战略的要求还有很大距离。乡村文化传承不畅、亟待保护，基础文化设施"建、管、用"失衡，文化建设缺乏长远规划、生命力不足，人才匮乏、队伍建设青黄不接等情况仍然存在，制约着乡村文化的健康发展。沅江流域要加强农民思想道德建设，弘扬中华优秀传统文化，培养文明乡风、良好家风以及淳朴民风，加强农村公共文化建设，完善人才队伍建设，着力推动乡村文化振兴。沅江流域要以民族文化为"引擎"，拉动沅江流域产业经济深入发展。以"企业＋合作社"的绑捆抱团式发展模式，组建乡村旅游协会，成立乡村文化表演队等，参与旅游景区游客接待，为游客提供乡村文化表演等服务。同时，建设种养殖基地及"农家乐"合作社，发展以民俗文化体验和"农家乐"为主要内容的旅游产业，增加农牧民就业机会。乡村旅游发展已经成为沅江流域农村发展、农业转型、农民致富的重要渠道，党的十九大报告中，乡村振兴战略的提出又为乡村旅游发展注入了新的动力。乡村振兴，既要塑形，更要铸魂。乡村文化是乡村振兴的魂，是乡村振兴中的"软实力"。乡村文化振兴，将给我国乡村民众的工作、生活以及思维和行为方式带来深刻改变，也对我国经济社会发展产生巨大影响。推进乡村文化建设有利于乡村文化创新、发展，更有利于实现乡村振兴。新时期我国乡村文化建设面临诸多难题。一方面，在工业化、城镇化的快速发展中，乡村一些优良的乡风民俗在逐渐淡化或弱化。众多地区乡村文化表现出疲软、下沉以及相伴而生的村风村俗没落等现象。另一方面，乡村文化建设面临地方政府重视不够、人才相对匮乏、农民文化主体地位缺失等难题。乡村文化状况无法适应新时代发展的要求，更无法满足广大农民日益增长的精神文化需求。因此，在精准把握乡村振兴战略的本质要求、总体目标和主要内容的基础上，推进乡村文化建设将面临新情况、新问题、新挑战。今后，沅江流域将进一步落实乡村振兴战略，弘扬和繁荣独具特色的民族文化，提振民族精神，按照文旅融合、旅游塑形、富民增收原则，进一步推动文化、旅游融合，打造体现沅江文化、独具特色的民族文化旅游格局，让各方宾朋了解沅江流域，感受沅江流域的独特魅力。

（二）乡村文化振兴与创新发展带动旅游发展、助力富民增收

沅江流域乡村文化振兴需要因地制宜，寻找一条符合当地发展的道路。在大众化旅游市场的刚性需求和国家政策的大力扶持之下，乡村旅游迎来了历史性发展机遇，同时对乡村旅游发展在乡村振兴中的作用和地位提出了更高要求。乡村旅游作为旅游服务业与传统农业融合发展的产物，是实现农业多功能性价值与游客体验需求多元性精准对接的重要平台，与乡村振兴战略的要求和目标具有很好的关联性。沅江流域乡村文化振兴与创新发展能带动旅游发展、助力富民增收。沅江流域具有发展乡村旅游的生产、生活、生态与文化资源。其中，生产资源包括生产对象、生产活动、生产工具等；生活资源包括特色乡村饮食、传统乡村住宿等生活方式；生态资源包括地文景观、水域风光、生物景观等；文化资源包括民俗文化、田园景观文化、农耕文化、建筑文化等。结合乡村振兴"产业兴旺、生态宜居、乡风文明、治理有效、生活富裕"的目标内涵，沅江流域要构建乡村旅游发展对乡村振兴的驱动机制。机制内容包括：通过生产资源旅游化，将生产

对象景观化、生产活动体验化、农业知识研习化，以驱动乡村产业振兴；通过生活资源旅游化，进行美食制作与民宿开发，驱动乡村生活振兴；通过生态资源旅游化，对地文景观、水域资源、生物资源进行旅游化开发，驱动乡村生态优化；通过文化资源旅游化，利用优秀传统文化进行保护性开发，驱动乡村文化振兴。沅江流域要通过生产资源、生态资源、生活资源和文化资源旅游化，推进乡村文化振兴特色化发展，进而带动旅游发展、助力富民增收。沅江流域乡村生产资源旅游化是驱动乡村振兴的产业动力，乡村生态资源旅游化是驱动乡村振兴的环境基础，乡村生活资源旅游化是驱动乡村振兴的活力保障，乡村文化资源旅游化是驱动乡村振兴的精神支撑。在党的十九大精神指引下，传承沅江流域民族文化，加快沅江流域文化旅游融合发展、推动乡村振兴是一场共享文化旅游发展成果的盛会，旅游发展让老百姓得到越来越多的实惠。放眼沅江流域，从近郊到偏远村庄，一幅幅生机勃勃的乡村旅游蓝图徐徐展开。作为沅江流域全域旅游的重要组成部分，要立足全域旅游创建，按照"一村一品"的发展宗旨，根据沅江流域乡村旅游发展特色，打造开发特色乡村文化旅游项目，加快开发乡村旅游产品，努力构建乡村旅游产业体系，指导有条件的乡村挖掘乡土文化、民俗风情，赋予乡村旅游更加深厚的文化内涵。举办乡村文化旅游节等大批乡村文化旅游节庆活动，打造沅江流域乡村旅游品牌，积极发挥节庆活动的形象传播与客源聚集效应、经济效益拉动与关联产业带动效应，带动周边群众为游客提供餐饮、住宿、演出、展销等旅游服务，实现沅江流域"以节庆促旅游，以旅游促发展，以发展促脱贫"的目的，形成点面结合、多点开花的乡村旅游开发新格局。

（三）乡村文化振兴与创新发展助推全域旅游开发

沅江流域乡村文化振兴与创新发展需要实施整合战略，进行全域整合。第一，全域主体整合。沅江流域全域旅游开发要形成驾驭和引领全域旅游开发的各层面领导班子、领军团队，提高全域人员全域旅游开发的素质能力，协调各层面主体的关系，形成全员发展全域旅游的主体新局面。第二，全域资源整合。改变各行各业各自为政、消耗资源从而导致不可再生资源日益枯竭的局面，沅江流域全域旅游开发要依托当地文化资源，将各种文化资源整合起来，形成文化资源体系，并整合全域所有资源，形成全域资源整体。第三，全域产业整合。全域产业化综合开发要求全域产业大整合、大融合，将旅游融入各行各业，使各行各业变身为沅江流域全域旅游行业。第四，全域产品整合。沅江流域全域旅游开发要把全域改为旅游目的地，旅游目的地就是大旅游产品，就是全域旅游产品大系统。各行各业、各村各寨，都只是全域旅游产品系统中的一个因子，各行各业的产品只是全域旅游产品系统中的特殊与个别。全域产品整合，必须从市场需求源头入手，进行全域产品大整合。改造式整合原有产品，使之成为沅江流域文化标志性的全域旅游产品。第五，全域市场整合。沅江流域全域旅游开发的市场整合要整合为海内外的所有客人，整合为全世界各种多变的个性化的游客需求。这种整合，既有宏观的拓展，又有微观的细分，更有个性化、柔性化的变革。全域整合战略的要害，就是沅江流域全域旅游开发的主体文化资源，要通过整合产业、整合产品、整合市场，扩大销售，提高沅江流域全域旅游产品的市场占有率。

（四）乡村文化振兴与创新发展助推文化保护和传承

乡村文化振兴与创新发展要着力强化当地居民文化保护和传承意识。一是增强当地居民文化保护和传承的自信心，提高当地居民文化保护和传承的自觉性和积极性。二是增强当地居民的资源意识与资产意识，保护好、传承好珍贵的文化资源。三是提高突出当地文化特色的意识，努力打造特色文化品牌。四是提高当地居民的文化价值意识，充分认识当地传统文化的历史价值、生态价值、文化价值、艺术价值与社会价值。五是增强当地居民的文化知识产权意识，在市场经济环境中，依法维护传统文化的知识产权。六是提高传统文化的传承率和利用率。对传统文化的传承和利用要同经济、文化、生态、社会建设紧密联系，发挥传统文化本身经济、生态、文化、艺术、社会等多方面的功能，提高传统文化多层面功能的利用率，实现其应有的多层面价值。在实现传统文化经济价值、生态价值、艺术价值与社会价值的过程中，促使居民收益不断增加，收益率不断提高，获得更多更直接的实惠，使当地居民共享全域旅游的成果，以推动传统文化利用的可持续发展。

# 附录　风物选介

## 一　民间故事

### （一）创世神话与伏羲在辰溪的传说

很久很久以前，涨齐天大水，什么都被淹了。只有辰溪龙船岩有只神船，载着人首蛇身的伏羲、女娲兄妹和狗逃得了性命。

大水过后，他们选择高高的大酉山住下。住下后，要有饭吃，只见那狗"汪汪"地叫，伏羲摸着狗头，说："别叫，想做什么就去吧。"狗一溜烟跳下赤水河游向天堂。到天堂后，狗用自己湿透的身体在晒谷坪打滚，使全身都沾满谷子。之后，狗又高高翘起尾巴没命地游了回来。伏羲、女娲高兴极了，马上将狗尾巴上的谷子收集起来，种出了稻谷。所以，后来大凡谷子类粮食都结在尾巴上。这只狗为人类立了大功，被玉帝封为娄金狗，位列仙班，赐其与人类共享饭食。

女娲则发现一个不知什么虫织的茧壳，取下来用手抽出细丝，一竖一横织成一小块布。她喜出望外："要是有众多茧壳，不就可以织出好长好宽的布来做衣服吗？"后来，她养蚕、抽丝、织布，解决了穿的问题。那棵喂蚕的桑树，后被称为扶桑神树。

伏羲空暇"始画八卦",为文明做出了巨大贡献。

一天,女娲想起蚕都会延续一代又一代,如果她和哥哥不生孩子,岂不是这代过了世就没人了。于是女娲向哥哥提出兄妹结婚以繁衍人类。这使哥哥太难堪,但一默神:世上只有自己兄妹两人了,若不结婚生子,岂不是世上就没人了?于是对妹妹说:"兄妹能否结婚,让天来决定,我们把上下两扇石磨从山上滚下去。如能重合,那是天让我们成亲;要不,就是天不让。"谁知,磨滚下山后,竟紧紧地重合在一起。兄妹只好成亲了。

婚后,女娲每晚都要去一个叫作咸水溪(位于今潭湾镇旁)的小溪洗澡,伏羲怕女娲路上摔跤,就化为月亮为女娲照明,这便是月亮神的来历。女娲总觉得世上都笑自己与哥哥成亲,就化为太阳,照射万物,使之都不敢直视她,这便是太阳神的来历。后来兄妹俩一共生了三儿三女。老大叫太上老君,老二叫道德真君,老三叫元始天尊。由于哥哥是红脸,妹妹是玉脸,所以三个儿子一个黑脸,一个黄脸,一个白脸。

二十多年才生六个儿女,女娲认为人成长得太慢了。于是第七个伢儿出生后,便剁成肉泥,做成泥人,随手往外丢。丢在李树下的姓李,麻叶树下的姓麻,田里的姓田,撂出去的姓廖,等等,这便有了后来的百家姓。说来也怪,这些丢了肉泥的地方,马上就有了烟火,成了村庄。但兄妹成亲的事实在难堪,女娲就下令再也不准兄妹成亲了。从此,天下又有了新的人类。

伏羲与女娲因是人首蛇身,像一条龙,这便是中国龙文化的起源;又因他们住在大酉山,酉属鸡,这便是凤文化的起源。

传说归传说,有意思的是,考古专家在辰溪境内的松溪口遗址和征溪口遗址发现距今7000多年的"八卦星象图",学者通过论证认为,至少可以断言,被誉为人文始祖的伏羲曾在辰溪一带活动,教化民众。

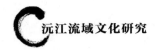

（二）盘瓠传说

4000 多年前，犬戎国经常骚扰高辛帝，高辛帝总打不过犬戎国的吴将军，便昭告天下："取吴将军头者，赏黄金、封邑地，赐婚三公主。"

这事惊动了盘瓠。别看盘瓠是一只狗，其前身却是天庭二十八宿之一的娄金狗。其下凡方式也别具一格。说是住沅水中游一山洞的老太太，梦中一白胡子老者告诉她，天神娄金狗将下凡为其儿子。翌日，老太太便觉耳内疼痛异常，随即取出一奇异肉团，便放入陶盘，摘来瓠瓜叶为盖。肉团一日长一寸，身长一丈二，成一巨狗，因其在覆盖有瓠叶的盘中长大，故曰盘瓠。盘瓠直呼老太太为母亲。后来，这个洞就被当地民众叫作盘瓠洞。

这时盘母已离世，盘瓠见了告示，毛遂自荐，往见高辛帝。高辛帝允准后，盘瓠便只身追敌七天七夜。这晚，盘瓠见吴将军醉酒不醒，即化为一虫飞入吴将军帐内，杀死守卫，旋将吴将军头颅咬断，悄无声息地叼回高辛帝大帐。高辛帝大喜，转而又愁容满面。三公主不由问道："取了吴将军之首，父王何先喜而后愁？"

帝答："盘瓠为狗，吾儿贵为公主，怎能嫁与牲畜？"

三公主则说："父王既以我许天下，今盘瓠衔敌首而来为国除害，这是天命使然。王者重言，不可以女儿微躯而负天下也。"帝听后只好遵约将三公主辛女嫁给了盘瓠，却没为其举行盛大婚礼。盘瓠也不要什么土地，带着黄金和辛女，回到了沅水边自己的山洞。

辛女最喜欢于沅水中洗好衣服后在水中尽情地沐浴，等到她做了母亲生了六男六女十二个子女之后，更是经常带着孩子们赤身裸体在沅水河中游玩戏水，孩子饿了就坐在浅滩边喂奶。每逢立秋后的三五天，她天天要去河中裸露洗浴。以后，这段日子就被当地人称为"洁身日"，也成了沅水两岸民众裸泳的最初起源。

他们的儿子多次问辛女，怎么没见过父亲。母亲巧妙作答，使几个儿子长久蒙在鼓里，一直把盘瓠当成猎狗，六兄弟每次上山打猎，盘瓠都跟他们一起上山。辛女见盘瓠辛苦劳作疼在心里，终于指着盘瓠对几个儿子说："这狗就是你们的亲生父亲，你们不要再劳累它了。"

这六个儿子个个性格暴躁，当得知实情后顿感非常羞辱、气愤，六兄弟商议，要将盘瓠杀死。盘瓠知道自己凡间事已了，应回归天庭，便在六兄弟追杀自己过程中跳崖而去。辛女得知这一噩耗后，哭得死去活来，便化成岩石立于沅水河边，这就是沅水两岸民众长期瞻仰的辛女岩。

盘瓠死后，其子女自相婚配，传下许多后裔，即我国大西南一带苗、瑶等众多的少数民族。至今苗、瑶族图腾都是神犬盘瓠。盘瓠的故事，干宝的《晋纪》等多部史籍都有记载。

（三）刘海与九尾狐的故事

相传吴刚与太白金星饮酒误事，被罚投胎到湖南常德刘家砍柴，于是就有了刘海与九尾狐的故事。

古时常德城内有眼丝瓜井，井水有丝瓜影，取水置水桶中能现丝瓜影。井里有只金蟾，经常夜里修炼，从井口吐一道白光，直冲云霄，有道之人可乘此光升入天界。

井旁住着刘海母子，家贫如洗，刘海勤劳孝顺，天天砍柴奉养老母。

刘海砍柴的高山中，有一快修炼成仙的九尾狐，口含宝珠可化人形。她非常敬佩刘海，动了凡心，要嫁给刘海。

这天，刘海担起柴，突然，一位美丽的姑娘拦住了他。刘海问：

"你是谁家姑娘，敢跑到这深山中来？"

"我本就住在山中，怕什么？"姑娘笑答。

"你叫什么？我送你回家，这山中毒蛇老虫的，我不放心。"

听刘海这么一说，姑娘胸中暖意骤升，爱怜之心又增几分，深感选择没错。于是想了想说："我叫胡秀英，家住山那边一个山洞旁。"

"你拦着我干吗？"

"我要与你成亲！"

"什么，与我成亲，不是絮毛①吧？"

"我一大姑娘，不下决心，能说出这样的话来吗？"

刘海一想，是这个理，便说："我家贫如洗，你嫁给我，怕连累你哦。"

"我就喜欢你勤劳肯干，只要夫妻同心，就有幸福的生活。"

"我家老母眼瞎，需精心照料，你不怕累到吗？"

"我从小失去母亲，正好补上缺失的母爱。"

刘海听胡秀英这么一说，觉得这正是理想的堂客，于是高兴地说："那我回去跟母亲说，听她老人家意见，明天再告诉你，好吗？"

胡秀英果决地说："男子汉大丈夫，行事当果断，现就带我一起同咱母亲说去。"刘海几番推辞，见胡秀英真心实意，且已称"咱母亲"，显然是把自己当成了刘家媳妇，于是便带胡秀英回家了。

到家后，刘海把事情告诉母亲，刘母听后十分赞同。刘海于是去城中心鸡鹅巷置办结婚用品。

丝瓜井中的金蟾听神仙说，只要得到九尾狐的宝珠，就可飞上天界，还知道宝珠可治病，于是便有了坏主意。它变成一个病人，"唉哟唉哟"地倒在刘海家旁假装昏死过去。胡秀英马上走出屋子，上前

---

① 絮毛，方言，开玩笑或捉弄人的意思。

将其扶起，从口中吐出宝珠救人，金蟾闪电般夺过宝珠，塞进嘴里，一道闪光便飞进了丝瓜井。

胡秀英失去宝珠，不久就会现原形。刘海知道后，拿起斧头就去斗金蟾。刘海的勇敢和对爱情的忠贞感动了斧头神，他邀来胡秀英山中的姐妹，合力打败金蟾，夺回宝珠。从此，他们夫妻过上了男耕女织的幸福生活。

后戏剧家们编成花鼓戏《刘海砍樵》（又名《刘海戏金蟾》）唱遍大江南北。

### （四）侗族苦酒的传说

说起怀化通道原生态苦酒，可谓名声在外。著名历史学家和民俗学家林河、著名美食家巴陵都著有专文，对之赞赏有加。有人曾写诗：乳白似米汤，甘甜比蜜糖；一桶轻饮悄然醉，长梦游苏杭。这首诗确实写出了侗家苦酒的色、味、性。

苦酒呈乳白色或瑰油色，凸出酒杯而不溢，甜中带香，略含苦味，酒精度数 10 余度，入口清凉醇和，回味悠长，即使没有酒量的人也能喝上几大碗。但正因为好下口，如又有三两个侗姑来唱歌劝酒，往往一不小心喝醉了都不知道。但也不要过于担心，苦酒醉而不上头，睡个一两天又可以继续喝了。苦酒营养丰富，少量饮用，还能舒筋活血，强身健体，尤其是对防治动脉硬化有较好效果。因此，侗家人很少患心脑血管疾病。

那侗家苦酒有没有来由呢？这还真有一个凄美传说：很久以前，侗族有对新婚夫妇，新娘名叫苦娘。婚后，丈夫外出谋生，苦娘在家等着丈夫回来。

苦娘知道丈夫爱酒，为了使丈夫回来能喝到她亲手酿的糯米酒，便于当年重阳，用上好新糯米蒸了一坛酒，祈盼丈夫归来一起享用。

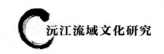

酒酿好后，苦娘每天吃晚饭时都要倚门遥望，期望丈夫平安归来，与她一起吃晚饭。可等到天黑，也不见丈夫的影子。

第二年重阳，苦娘又用新糯米酿了一坛米酒。就这样，苦娘每年都要酿一坛糯米酒，天天晚饭前都要倚门遥望。如此日复日，年复年，一直到苦娘50多岁离开人世时，也没有见到自己的丈夫归来。

亲属和邻居给苦娘办后事时，竟发现苦娘家里有40余坛糯米酒，几乎摆满了整个房子。一个亲属揭开坛盖，一股奇香冲坛而出，迅速扩散，香遍了全寨。大家喝着苦娘酿造的米酒，纷纷要求族长给酒起个名号。

族长保留着苦娘的酿酒秘方，想起这些酒都是苦娘亲手酿造，于是提议道："这酒配方是苦娘发明的，这些酒又都是苦娘亲手酿制的，且为了爱情又苦苦等了一辈子，我看就以苦娘的'苦'为这个酒命名，就叫苦酒吧。"众人纷纷叫好，几个读书人还伸出大拇指高声赞扬："这个名字好，既纪念了苦娘的勤劳和贤惠，又赞颂了爱情的甜蜜与苦涩。"

于是，这种以苦酒为名的糯米酒，就在四面八方的侗寨传开了，所以通道侗族家家户户至今还保留着九月九重阳节酿苦酒、喝苦酒的习俗，久而久之，它还自然成为侗家待客席上不可或缺的一道佳酿。

侗家苦酒酿制方法非常简单，首先是糯米蒸熟，而后拌上民间即苦娘的秘方酒曲。发酵数天，便得到较多呈乳白色的甜酒酿，酒精度数10余度，再滤去酒糟配入侗乡山寨特有纯正洁净的矿泉水即可。

（五）王昌龄与芙蓉仙子的传说

王昌龄被贬龙标（今洪江市治黔城）县尉时，孤身一人抱一连根带土的木芙蓉把它栽进芙蓉楼园中。

友人问，为什么千里之路携带一株木芙蓉？王答曰怀念病亡夫人，因夫人酷爱木芙蓉，故而为之。这就引出了王昌龄与芙蓉仙子的故事。

芙蓉楼园内有一天然石洞芙蓉洞，深不可测。相传，当年姜子牙火烧琵琶洞，其师要他放走其中一狐仙，因这一狐仙 2000 年后与唐代一大诗人有一段缘分，且日后能修成正果。这一狐仙化为美丽善良的胡蓉仙子，日夜等候大诗人王昌龄的到来。

胡蓉仙子看到王昌龄每夜面对木芙蓉，独自弹琴，怀念亡妻，很是感动，便决定每晚出来相伴。这夜，明月高照，水中鱼儿欢快地追逐着月影。王昌龄对爱妻的思念正如鱼儿逐月，便情不自禁吟道："鱼在水中追明月"，突然身后传出"树插石缝遮青天"。王连声叫好，回头一看，身后站着一位绿色衣裙的清秀姑娘，经询问，才知姑娘姓胡名蓉，是其父亲派她前来给自己端茶倒水。王昌龄考虑自己只身独居，多有不便，便好言婉拒。然而胡蓉仙子还是每晚与王昌龄吟诵应和。奇怪的是，胡蓉仙子的声音笑貌竟有其亡妻余韵。

后来，沅水来了一只鸭怪，用毒涎弄脏河水。木芙蓉吸了毒河水后，绿叶全都枯萎，王昌龄悲凄地抱着光树干失声痛哭，一病不起。鸭怪还害得龙标民众身染毒疮奇痒难耐。胡蓉仙子知道，必须除去鸭怪，才能安民救王。于是她决定冒着生命危险，独自降服鸭怪。

这天晚上，雷鸣电闪，大雨如注。芙蓉楼旁的两条江水汹涌翻滚。胡蓉仙子知道鸭怪开始兴风作浪，正是灭掉它的大好时机。于是一道白光从芙蓉洞中飞出，直扑恶浪中的鸭怪。胡蓉仙子虽是得道几千年的狐仙，在水中斗鸭怪，还是非常吃力，但终究鸭子抵不过狐狸，几百回合后，鸭怪被狐仙一口咬住脖颈，气断命绝，被丢弃岸边。胡蓉仙子也因元气大伤，回洞中疗养。

当晚，王昌龄得一梦，一神人教他用岸边的鸭怪肉熬汤，分给长有毒疮的龙标民众，便可消毒除痒。王昌龄强撑病体，安排人照做，帮民众解除了痛苦。清除了鸭怪,河又变清了,木芙蓉又恢复生机,长出了绿叶,开出了各色的鲜花,王昌龄也完全康复了。自此沅江流域就有了吃鸭子肉的习俗。胡蓉仙子有这大功德,花神非常感动,亲自来到芙蓉洞帮其恢复了功力道行,并报玉帝封她为芙蓉仙子。从此,胡蓉仙子便成了芙蓉仙子,正式位列仙班。王昌龄被杀害后,芙蓉仙子将自己的仙魂依附在芙蓉楼那株木芙蓉树上,风清月明时,便淡妆素裹,起舞弄清影,怀念王昌龄。

自此,芙蓉楼便成了"楚南上游第一胜迹"。

(六)碣滩贡茶的传说

1972年9月日本首相田中角荣访华,向周总理点名要饮碣滩茶。总理也不知碣滩茶产于何方,急忙交代外交部赶紧向有关部门查询,最后农业部说产地在湖南沅陵,以前是唐朝贡茶。

相传,沅陵有座银壶山,对面便是碣滩茶场,山下有条小溪,名叫碧水。用碧水冲泡碣滩茶,开始时芽嘴冲向水面,渐渐吸水后浸大张开,竖立游空,接着徐徐下沉杯底,这样三起三落,犹如虾舞鱼戏,最后都竖立水中,格外好看。闻其香,离茶杯近,反觉香气不大,若离杯远些,方才感到浓香扑鼻,难以形容。银壶山下的江边有位老人,平素爱惜碣滩茶如同珍宝,将此茶藏于秘密地方,舍不得饮用;太想喝忍不住时拿出来看一看,闻一闻,身体不舒服时,也只泡一点点喝,也就只那么一点点,他便顿感全身舒爽,病痛全消。

相传1300多年前,唐高宗第八子李旦,被其母中国唯一的女皇帝武则天贬到辰州沅陵。李旦被贬后,流落在沅陵胡家坪胡员外家当佣人。李旦皇家的气质风度,很得胡员外喜欢,员外之女胡凤姣更是与他形影不离,很自然两人很快产生了爱情。武皇帝被逼退位后,朝廷官员请李旦回朝做了皇帝，即后来的唐睿宗。李旦称帝后不久，便差人到沅陵接胡凤姣去京城。接她的官船由辰州顺沅江东下，途经碣滩。碰巧，银壶山江边那位老人正在烹茶，香气四溢，随风飘到了凤姣乘坐的官船。凤姣急令停船，溯香气到了老人家。湘西人十分好客，老人高兴地请凤姣品尝。凤姣品尝后，觉得甜醇爽口，且色美香浓，十分欣赏，便向老人索要了一些带回朝廷，赐文武百官品饮，大家都赞不绝口。碣滩茶因色、香、形、味俱佳，便被列为唐朝贡品，朝廷每年派人督制茶叶，专供皇帝和后妃们饮用。那时唐朝在全世界最强大，日本常年派使朝拜，朝廷便将此茶也赐予日本使节，从此便在日本流传至今。之后宋元明清各代，碣滩茶一直都是朝廷贡茶。清末至民国时期，国家一直处于战乱之中，碣滩茶便慢慢被国人淡忘了。

但自田中角荣访华起，沅陵碣滩茶再次声名鹊起，得到了进一步的发展，一直都供不应求，还屡次获得国内国际金奖，特别是2010年又获上海世博会特别金奖。

这正应了网民湘楚情歌咏碣滩茶的一首诗："碣石潇湘路八千，江滩云雾锁龙船；自识凤娇娘娘后，从此美名天下传。水绕云环五十峰，茶园座座玉芙蓉；碣滩茶香飘海外，蓬岛客来有田中。"

（七）果老丹池的故事

按照道家经典记载，全国有十大洞天、三十六小洞天和七十福地。辰溪大酉洞，被列为道家三十六小洞天的第二十六小洞天，称大酉华妙洞天，大酉洞、大酉观，自古为道家修道成仙之所。

大酉山不仅留下有洗砂溪、会仙桥、晒药石、炼丹池等众多炼丹修道遗迹，而且还留下了许多精彩的修道成仙的故事，其中唐代张果老炼丹修道就是其一，果老丹池历来为辰阳胜景。

张果，又名张果老，传说中的唐代八仙之一，唐代龙标县（今洪江市）人，出身于一个以放排撑船为生的贫寒家庭。其父死后，他随母寄居于龙标重阳溪村。张果老心地善良，以孝闻名，做事执着，悟性极高。传说他遵循仙翁指点，潜心在辰阳大酉山大酉洞内炼丹修道。由于痴迷与执着，他历经数年寒来暑往，终于修成正果。《辞海》载，其曾被唐玄宗召至京师，演出种种法术，授以银青光禄大夫，赐号"通玄先生"。《辰州府志》载："丹山，在南门外迤西，辰沅交汇之处，壁立万仞。上有庵，窗棂映水，山碧风清，顶有果老丹池。"清道光《辰溪县志》云："唐玄宗时，张果隐大酉山，尝炼丹药于此，今炼丹池在丹山头，故又名丹山。"清康熙《辰溪县志》载："丹池，在大酉山。相传唐张果老炼丹者，时有紫气烛天。"

大酉山还有高士瞿柏庭、陈崇政在此修道的传说。瞿柏庭，辰溪县南瞿家寨人，幼聪慧，称瞿童。唐大历年间，依善卷祠修道成仙，传说有他戏跃入井自大酉华妙洞出的故事。宋时在大酉观修炼的一位高道叫陈崇政，沅陵人，据说"有奇术，能致雷电"。他辟谷 30 年，80 岁仍能行走如飞，后在南岳蜕体成仙，尸轻如蝉蜕。他的弟子将其尸体带回辰溪，归葬于大酉观旁的龟山上。

（八）花瑶始祖的故事

溆水是沅水中游的一条重要支流，花瑶人居住在溆浦与隆回两县交界之地海拔 1300 米左右的崇山峻岭之中，是湘西南腹地瑶族的一个分支，花瑶人自古崇敬黄瓜，世代拜黄瓜为图腾。

为什么拜黄瓜为图腾呢？传说瑶族人因祸被血洗山寨，侥幸存活的瑶人被迫逃散，英俊忠厚的年轻人回生决定去崆峒山元阳洞找灵宝法师拜师学艺。灵宝法师是通天教主的人间化身，如同太上老君的人间化身是广成子一样，灵宝法师是三清之一的灵宝天尊。其在《封神演义》中，作为通天教主的化身，又属玉虚宫元始天尊门下，为阐教"十二金仙"之一，居于崆峒山元阳洞，曾经帮姜子牙破十绝阵。其法术高强，本能通天可想而知。回生不怕劳苦，朝行夜宿，披星戴月，走了九千九百九十九个日子，翻过了九千九百九十九座大山，来到了灵宝法师的住地崆峒山元阳洞。不巧，回生千辛万苦赶到那里正好碰到法师云游去了，家里就由灵宝法师的女儿看管。灵宝法师的女儿叫丹妹，聪明伶俐，从小就跟灵宝法师学习法术，深得父亲真传，法术自是不低。回生看到丹妹说明了来意，并殷求丹妹收留。丹妹见回生殷勤老实，不像是什么奸猾之辈，又经历了那么多的磨难，就收留了他。回生满心欢喜，在灵宝法师家里什么事情都去帮忙干，灵宝法师云游还没有归来时他和丹妹两人已经深深地爱上了，并且一发不可收拾。灵宝法师云游归来，丹妹不想让父亲知道她跟回生的事情，于是就把回生送出山外，叫回生再去跟父亲学法，不料这件事情已经被灵宝法师看出了，灵宝法师十分生气，为了维护天规，要施法重罚回生跟丹妹。丹妹知道大事不妙连夜带着回生在天河神龟的帮助下驾云来到环云峰下的山谷里面隐居，后来人们就把这山谷叫作瑶王谷。灵宝法师得知他们逃跑后心里更为恼怒，心想一定要处死他们两个，于是就追赶过来，丹妹知道父亲追来，看到山谷里有一片黄瓜地，便急中生智将回生变成一根黄瓜以蒙蔽父亲的眼睛，丹妹又念动咒语，招来天上的二十八宿星、三十六天罡在瑶王谷的西南方摆下迷魂阵（后来大家就把这地方叫作满天星），使灵宝法师不知去向。灵宝法师不甘示弱，也招来天兵神将想破此迷魂阵，顿时天地间一片黑暗。这事被观音得知，观音同太上老君一道火速赶来劝阻，说丹妹跟回生乃前世情缘未尽，无法阻止，随她去吧。就这样，在观音的劝说下，才平息了这场厮杀。从此回生跟丹妹就生活在这环云峰下的情人谷（即瑶王

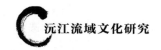

谷），男耕女织成为花瑶民族的始祖……

花瑶子孙为了纪念他们的始祖回生跟丹妹，视黄瓜为恩公，拜黄瓜为图腾，遂建"黄瓜寺"以祭祀，所有花瑶只有一座黄瓜寺（非祖籍地不能建黄瓜寺），这座黄瓜寺就座落在芦茅坪满天星瑶寨的后山岭上。人们至今称这一带山岭叫"黄瓜寺界上"。

（九）铁杀神手的故事

喻木秋去世 20 年后，被当地武协尊称为武术大师。相传他身怀铁杀神手绝技，隐居沅江洞庭湖一带，其凭借熟悉的地形环境及良好的水性，抗战时期曾与日本侵略者周旋，搅得鬼子兵不知所措。据说有一次，他遇上了一支日本兵小分队，一个日本兵用刺刀捅向他被他反击一掌便应声倒地不再动弹，待其他日本兵反应过来开始呜里哇啦乱喊乱叫胡乱开枪时，他却早已不见了踪影。

铁杀神手到底有多神？据说杀敌可使其内脏崩裂而外表不留痕迹。当然，传说归传说，无从考究。但是，木秋大师在给弟子诠释铁杀神手的威力时，曾将一叠陶瓷碗钵放置在一个木质橱柜里，运功掌击橱柜，然后让弟子打开橱柜观看陶瓷碗钵，碗钵俱裂而橱柜无损。如果说此举鲜为人知，那么木秋大师的一位辰溪籍唐姓弟子运用铁杀神手化解人体结石，却是可以通过科学实验反复证实，且湖南地方电视台、日报社等官媒对此曾有过新闻报道。

20 世纪 70 年代曾有一位高姓青年听说木秋大师身怀绝技，决定前往"拜师"试探。他来到"师父"家门口说明来意后，乘势突袭"师父"，可等他缓过神来，才发现自己遭到反击躺在距离"师父"家门口 10 多米之外的菜园子草垛上了。从此，他心悦诚服地随"师父"学习中国功夫。当今国际散打搏击擂台上击倒（KO）日本拳手森孝太郎、击败美国拳手乔伊、荷兰搏击天王克劳斯、韩国搏击巨

鲁崔洪万等，成为在世界顶级格斗大赛中晋级 K－1 WORLD MAX 8
强的中国第一人，被誉为解放军拳王的周志鹏，正是木秋大师的第
三代弟子，他随师湘西铁拳李习练的"铁煞拳"则是"铁杀神手"
演化而来的一个地方拳种。

　　话说高姓弟子随师学习，也曾目睹过师父路见不平一声吼的不少
壮举。有一次他随师父外出，在公交站台遇到 6 名车匪路霸打劫，师
父一声大吼，车匪路霸认为师父多管闲事便冲向师父动武，可没等后
面的来者反应过来，冲在前面的便随师父手起倒下，余者见势不妙，
择路逃跑。1980 年 12 月的一天，两股地方势力 100 多人因纠纷集结
于沅江漉湖对阵，眼看即将发生暴力冲突，高姓弟子与师父正好路
过，师父置身其中劝解却被一方头人曹某误认为在帮衬对方，便指示
手下向师父打来，师父顺手迎击，说时迟，那时快，不到 1 分钟，冲
在前面的 3 人便被击倒，曹某见状知难而退，吆喝着撤离了现场，一
场流血事件就此平息。


## 二　经典诗文

### （一）屈原《涉江》

　　屈原（约前 340 年～前 278 年），出生于湖北丹阳秭归（今湖
北宜昌市），春秋战国时期楚国诗人、政治家。曾任三闾大夫、左
徒之职。《史记·屈原贾生列传》说：屈原"博闻强志，明于治乱，
擅于辞令，入则与王图议国事以出号令，出则接遇宾客，应对诸侯，
王甚任之。上官大夫与之同列，争宠而心害其能。"这个上官大夫
就是靳尚。屈原一直担心楚国的前途，关心人民的生死，为朝廷出
谋划策皆以此为基调。当时，七国诸侯各霸一方，称雄于世。为了
抑制秦国的扩张，壮大楚国，屈原积极主张联齐抗秦。他的主张遭

到了怀王身边的小人上官大夫靳尚、子兰令尹等人的反对，他们生怕屈原得势，就在朝廷上排斥、诬陷屈原，致使屈原失去了楚怀王的信任而被流放。公元前296年，即楚襄王三年，屈原又被免去了三闾大夫之职，并被第二次流放。屈原于公元前293年，从长沙出发，向沅江流域南行，公元前292年船行至枉渚而休息。公元前291年屈原自枉渚坐船宿辰阳，抵溆浦。一路上，虽历长途行程之劳，冒风霜雨雪之苦，但更锻炼了屈原的意志。公元前288年屈原自溆浦乘船北返，公元前287年过洞庭至汨罗江，居北岸南阳里，公元前282年又移居北岸玉笥山下。公元前278年，当屈原得知楚已被秦灭亡后，大失所望，万念俱灰，遂于五月初五，自沉汨罗江而殉国。

此诗的写作时间约在公元前290年，即楚襄王九年，这是屈原南行到溆浦准备北返之前的作品。在这段南迁的日子里，他边走边调查边思索，对楚国日益衰败的原因看得越来越清楚了：楚国之所以日渐衰弱，是因为小人得势、忠臣遭害，是那些聚集君侧的佞臣贼子误国所致。虽然他知道伍子胥、比干等忠臣的下场，但为了祖国和人民，他也要拼力一搏，与这些奸人做斗争，宁可失败，也在所不惜。作为诗人，为表达自己怀念祖国和关心人民疾苦的家国情怀，表露自己忠贞不渝、矢志不移的高尚品德，他要将自己的一腔情愫抒发出来，将自己的行动告白于天下，要向世人宣示自己不怕邪恶战斗到底的决心，于是，就有了流传千古的《涉江》一诗。

**附：屈原《涉江》**

余幼好此奇服兮，年既老而不衰。带长铗之陆离兮，冠切云之崔嵬。被明月兮佩宝璐。世混浊而莫余知兮，吾方高驰而不顾。驾青虬兮骖白螭，吾与重华游兮瑶之圃。登昆仑兮食玉英，与天地兮同寿,与日月兮同光。

　　哀南夷之莫吾知兮,旦余济乎江湘。乘鄂渚而反顾兮,欸秋冬之绪风。步余马兮山皋,邸余车兮方林。乘舲船余上沅兮,齐吴榜以击汰。船容与而不进兮,淹回水而疑滞。朝发枉渚兮,夕宿辰阳。苟余心其端直兮,虽僻远之何伤。入溆浦余儃徊兮,迷不知吾所如。深林杳以冥冥兮,猿狖之所居。山峻高以蔽日兮,下幽晦以多雨。霰雪纷其无垠兮,云霏霏而承宇。哀吾生之无乐兮,幽独处乎山中。吾不能变心而从俗兮,固将愁苦而终穷。

　　接舆髡首兮,桑扈臝行。忠不必用兮,贤不必以。伍子逢殃兮,比干菹醢。与前世而皆然兮,吾又何怨乎今之人!余将董道而不豫兮,固将重昏而终身!

　　乱曰:鸾鸟凤皇,日以远兮。燕雀乌鹊,巢堂坛兮。露申辛夷,死林薄兮。腥臊并御,芳不得薄兮。阴阳易位,时不当兮。怀信侘傺,忽乎吾将行兮!


(二) 王阳明《钟鼓洞》《辰州虎溪龙兴寺闻杨名父将到留韵壁间》

　　王阳明 (1472~1529 年),字伯安,明代著名的思想家、哲学家和军事家。明弘治十二年 (1499 年) 进士,历任刑部主事、贵州龙场驿丞、庐陵知县、右金都御史、两广总督等职。

　　明武宗正德元年 (1506 年) 冬,宦官刘瑾擅政,逮捕南京给事中戴铣等二十余人。王阳明上疏论救,而触怒刘瑾,被杖四十,谪贬至贵州龙场 (今修文县) 当驿丞。正德五年初 (1510 年),王阳明谪戍期满,复官庐陵县 (今江西吉安) 知县。从龙场驿到庐陵县,必经沅江流域的芷江、辰溪、沅陵等地。王阳明在这些地方停留期间,游览当地名胜，到书院讲学论道，与当地名流聚会闲聊，留下了不少诗作。正德五年（1510年）王阳明途经辰溪游览，在丹山摩崖石刻作《钟鼓洞》，借景抒情以明心志，诗文内容载入《辰溪县志》。正德六年（1511年），王阳明驻足沅陵，讲学于虎溪龙兴讲寺。在即将动身去江西时，王阳明闻好友杨名父要来沅陵，十分高兴，但赴任在即，不便久留，便在书院的间壁上留下了《辰州虎溪龙兴寺闻杨名父将到留韵壁间》诗。诗里行间充满了对友人的挚爱和怀念，表达了欲见一面而不能的遗憾；同时也介绍和描述了虎溪龙兴讲寺和周围环境的美丽景象，给好友留下了一个良好的印记。如今这些诗作，成了文人骚客游览当地传颂的不朽诗文。

　　附：王阳明诗两首


### 《钟鼓洞》

见说水南多异迹，崖头时有钟鼓声。

空遗石壁千年在，未信丹砂九转成。

远地星辰连北斗，青山明净坐深更。

年来夷险浑忘却，始觉羊肠路亦平。


### 《辰州虎溪龙兴寺闻杨名父将到留韵壁间》

杖藜一过虎溪头，何处僧房问惠休？

云起峰头沉阁影，林疏地底见江流。

烟花日煖犹含雨，鸥鹭春闲欲满洲。

好景同来不同赏，诗篇还为故人留。

（三）王昌龄《芙蓉楼送辛渐》

王昌龄（698～756年），字少伯，又称王江宁，河东晋阳（今山西太原）人，又一说京兆长安（今西安）人，盛唐著名边塞诗人。他的诗缜密而思清，有"诗家天子""七绝圣手"的美誉。30岁左右进士及第，初任秘书省校书郎，而后又担任博学宏辞、汜水尉，因事被贬岭南，开元末返长安，改授江宁丞。天宝七年（748年）因"不护细行"谪为龙标（原黔阳县，今洪江市黔城）尉。于天宝八年（749年）抵达龙标任所。天宝十四年（755年），世乱还乡，被刺史闾丘晓所杀。

王昌龄在龙标任内所写而留存于今的诗作，初步统计有16首。从这些诗来看，他在任内的情绪是高昂乐观的，是善于交朋结友的，能够经常与中下等官员，甚至平民文人友好相处。朋友聚会，设宴于野；有朋远行，江边送别，吟诗相赠。这样的诗作较多，最著名的莫过于《芙蓉楼送辛渐》诗。辛渐，何许人也，芙蓉楼，在何地也？史界和诗词界历有歧义。有的说芙蓉楼在江苏镇江，王昌龄是在那里送辛渐的，诗也是在那里写的。而《黔阳县志》记载，王昌龄就是在龙标芙蓉楼送别辛渐的。据湘潭大学教授蒋长栋考证：送辛渐诗有两首，这两首诗并非写于同时同地，第一首"寒雨连江……"是王昌龄50多岁时在龙标芙蓉楼写的，第二首"丹阳城南……"是王昌龄40多岁时在镇江任内芙蓉楼写的，因为其标题实为《芙蓉楼送辛渐长》，两首诗写作的时间地点是有区别的。辛渐实际上是王昌龄从家乡带来的贴身办事人员，关系不同一般，加上年龄比他大，所以，称其为"长"，才托他回乡告之其亲人、朋友、上司自己的情况和"一片冰心在玉壶"的心境。王昌龄还有一首《别辛渐》诗，这首诗与前两首诗有什么关联，尚未见有关论述，只是作为一个疑点提出而已。总之，千百年来，"一片冰心在玉壶"已成为惊世名句而流传下来，成

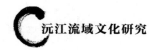

为文人学士、官员干群的座右铭。

附：王昌龄《芙蓉楼送辛渐》两首

一

寒雨连江夜入吴①，平明送客楚山孤。

洛阳亲友如相问，一片冰心在玉壶。

二

丹阳城南秋海阴，丹阳城北楚云深。

高楼送客不能醉，寂寂寒江明月心。

又附：《别辛渐》一首

别馆萧条风雨寒，扁舟月色渡江看。

酒酣不识关西道，却望春江云尚残。

（四）满朝荐《丙寅春游大酉洞作》二首

满朝荐（1561～1629年），字汝扬，号震寰、振东、锦水、归耕山人。明辰州府麻阳人，苗族。万历三十二年（1604年）进士，授咸宁知县，有廉能名声。与税监梁永有矛盾，永告他劫上供物，杀数人，投尸河中。帝震怒，将其下狱拷打，遂长期关在监狱。朝廷内外自大学士朱赓以下百余人，上疏营救，始获释。光宗立，起为南京刑部郎中，迁尚宝卿。天启二年（1622年），疏陈时事"十可忧，七可怪"，语极危切，得擢少仆太卿。熹宗朝，上疏论时弊，魏忠贤激帝怒，满朝荐被削职为民。天启六年（1626年）春回乡省亲，崇祯二

---

① "夜入吴"，《全唐诗》作"夜入湖"。

年（1629 年）起复原官，未上任卒。

大酉山，在湖南辰溪县辰阳古城的南面，辰水之畔，沅水南岸。大酉洞，在大酉山下潭湾镇小天坪村。这里，具有深厚的历史文化渊源，也有很多传说和名胜古迹。著名理学家王阳明、兵备道叶宪祖等，途经辰溪时，都特地带着辰溪知县和一批书生秀才，到大酉洞顶礼膜拜，并留下了许多脍炙人口的诗词。因大酉洞久负盛名，慕名游大酉洞的达官显贵络绎不绝，给辰溪县当地官衙带来不少困扰。明朝末年，其洞门被封。于是，千年名洞从此与世隔绝。清代中叶起，众多文化爱好者千方百计在大酉山周边寻找大酉洞，一直没有找到。直到 2012 年 6 月，历经 300 多年尘封之后，大酉洞终于被重新发现。经初步发掘，在洞门石壁上发现明朝隆庆年间的摩崖石刻和明代嘉靖年间湖广布政司拜谒大酉洞后所刻的斗大三个字——"大酉洞"以及满朝荐的《丙寅春游大酉洞作》两首诗的碑刻。

满朝荐被削职为民后，于天启六年（1626 年）春回乡省亲，路过辰溪，游大酉山、大酉洞，写了《丙寅春游大酉洞作》两首诗。这两首诗，大大赞颂了大酉山和大酉洞的古代传奇，以及这里的美景美物，抒发了自己削职为民后的感慨，有"坐久徘徊怀远迹"的惆怅，又有"新芳桃李对岩头"的雅兴，更有"日驭风衫囊胜景，狂吟端不负豪雄"的情操，为大酉山留下了浓墨重彩的一笔。这两首诗被后人镌刻在石碑上，至今还保存在大酉洞中。

### 附：满朝荐《丙寅春游大酉洞作》二首

一

几年愿作采真游，大酉幽华四望收。

紫药灶寒留虎踞，丹书室浥衍龙湫。

纵横玉笋积三岛，宛委烟衢澈九丘。

坐久徘徊怀远迹，新芳桃李对岩头。

二

未知何代辟鸿濛，旷览周遭兴不穷。

空洞蜿蜒穿地窍，玲珑黛碧透天工。

修丹羽客呼仙兔，遁世幽人驾懒龙。

日驭风衫囊胜景，狂吟端不负豪雄？

（五）李宏皋溪洲铜柱诗

李宏皋（？～951 年），五代十国时南楚国官员、学士、尚书上仆射、御史大夫，参与了湘西平蛮、溪洲会盟等大事件。

唐朝末年至五代时期，湖南域内被南楚王马殷父子所割据，马氏委任土司彭瑊为溪州刺史，辖永顺、龙山、保靖等县。马希范继马殷南楚王之位后，溪州由彭瑊之子彭士愁袭任刺史。后晋天福四年（939 年），锦州、奖州、溪州的少数民族万余人，反抗南楚王的统治，由彭士愁率领东出，取辰、澧二州。据新旧《五代史》《九国志》《资治通鉴》所载，后晋天福四年九月，在今湘西州与常德、沅陵接壤之处，金鼓动地，杀声震天，著名的溪州之战爆发。

南楚王马希范派麾下静江节度使刘勍、决胜指挥使廖匡齐率兵五千征讨溪州，土家族首领彭士愁立即带领溪州、奖州、锦州一万名"蛮兵"奋力抵抗。溪兵战败，退至靠近沅陵的地盘，"弃州保险，凭高结寨"，寨筑山顶，四面险峻，楚兵只得伐木沿山架设栈道仰攻。溪兵齐心坚守，在血战中将廖匡齐刺死，并于夜间在山顶点燃烽火，召集四方溪兵。刘勍见势不妙，迅即在溪涧内投放毒药，援兵饮其水者，或呕吐不止，或毒发身亡。一天，南风骤起，刘勍以火箭射入山寨，房舍尽焚，溪兵死伤甚多，彭士愁临危不惧，率部夜逾绝壁，投奔今麻阳、芷江一带的奖州。

因彭士愁在五溪少数民族中威望颇高，马希范一时无可奈何，只得相约议和。天福五年（940年）双方会盟于今古丈县境内的会溪坪，南楚王马希范效法其先祖马援"象浦立柱"的做法，以铜五千斤铸柱，并命李宏皋撰词铭字，镌刻南楚王马希范与溪州土司彭士愁罢兵盟誓的条约于其上。溪州铜柱高4米，重2500公斤，柱身为中空八面体，原柱内用马氏统治时期所铸的铁钱填实。柱上刻有《复溪州铜柱记》，共2000多字，楷书，字体秀美，是研究我国古代民族关系的重要实物资料，具有珍贵的史料价值。

铜柱上铭刻的条约规定南楚王马希范与溪州土司彭士愁各自所辖地域，永不相犯，堪称史上第一次实行的"民族区域自治"。南楚王给出的政策是："古者叛而伐之，服而柔之，不夺其财，不贪其土。前王典故，后代蓍龟。吾伐叛怀柔，敢无师古；夺财贪地，实所不为。"溪州土司彭士愁表示一心归顺后，南楚王当即决定："尔能恭顺，我无科徭，本州赋租，自为供赡，本土兵士，亦不抽差。永无金戈之虞，克保耕桑之业。"南楚王叹道："誓山川兮告鬼神，保子孙兮万年春。"

铜柱也记录着溪州刺史彭士愁"历三四代，长千万夫"，"亦无辜于大国，亦不虐于小民"，"非萌作孽之心，偶昧戢兵之法"，"一心归顺王化，永事明庭"等立誓的诚意。

铜柱的竖立，客观上起到了"无扰耕桑，无焚庐舍，无害樵牧，无阻川途"的积极作用，确保了彭氏土司八百年的稳固统治，直到清朝雍正六年（1728年）"改土归流"才宣告结束。在铜柱记中，李宏皋撰写了一首诗，记录了此次历史大事件。

**附：李宏皋溪州铜柱诗**

昭灵铸柱垂英烈，手执干戈征百越。

我王铸柱庇黔黎，指画风雷开五溪。

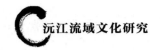

五溪之险不足恃，我旅争登若平地。

五溪之众不足凭，我师亲蹑如春冰。

溪人畏威仍感惠，纳质归明求立誓。

誓山川兮告鬼神，保子孙兮千万春。

### （六）熊希龄托词奉母辞职之呈文

熊希龄（1870～1937年），字秉山，别号明志阁士、双清居士，湖南湘西凤凰县人，民国时期政治家、教育家、社会活动家。少时被誉为"湖南神童"，15岁中秀才，22岁中举人，25岁中进士，后点翰林。武昌起义时，出任北洋军阀财政总长和热河都统，1913年7月31日被任命为北洋政府第四任国务总理兼财政总长。1914年2月，熊希龄辞职。1914年3月，又被袁世凯委任为参政院参政，筹备全国煤、油、矿事宜并湘西宣慰使各差。1918年熊希龄在北京香山设立慈幼院，掌管一切院务，长达20年之久。他还从事各种社会公益事业，担任中华教育改进社董事长和民办红十字会中华总会会长。1937年12月25日在香港病逝，享年68岁。国民政府为他举行了国葬。

1999年夏，湖南湘西保靖县档案馆清理馆藏资料时，发现民国初年署名卓午的《湘西诗稿》一卷，在手稿26页天头上录有熊希龄托词奉母辞职之呈文一件。据说此文在国内尚属首次发现。原件系手抄行草，且岁月已久，个别字已模糊不清，以□代之。

辛亥革命成功后，袁世凯当上了临时大总统，熊希龄当上了国务总理兼财政总长。袁世凯1915年称帝，在全国人民的反对中，只当了83天的皇帝，于1916年6月6日病故。熊希龄的这份辞呈应该是在袁世凯当大总统和称帝前这段时间（1914～1915年）写的。辞呈中所述的理由都是讲老母亲年纪大了，身体多病，自己要辞职回家，专门去照顾老娘。但也很有可能是他不满袁世凯的一些做法，借故退出政界不再做官，因为他全家在天津，母亲亦在身旁，此辞职理由不甚充分。此辞呈是否上交了，不得而知。后来他退出了政界，专搞慈善事业，病死在慈善事业的岗位上，则是事实。

**附：熊希龄托词奉母辞职呈文**

为请准辞职侍养，以遂儒私，恭祈钧鉴事。窃鹤寿载风人之语，乌生见反哺之仁。引微杖而心惊，揽物华而内疚。谁非人子，蔼是清芬。伏念希龄，自悲陟岵，惟恃高堂，母子相依，有如性命。国家多故，复致远游。叱驭戒途，梦寐碧鸡之佳境；牵衣结念，徘徊乌鸟之私情。是以希龄通籍之年甚早，离乡之日恒多。虽常陷于钩党之中，终不忍为异国之适，徒以有老母在也。

近顷以来，遭时多难，猥以不才，过蒙推重。初领岩疆，继叨揆席，迨经陈乞，仍预政闱，驰驱鞅掌，踪迹飘零。善养多缺于旨甘；晨夕少沦于温靖。虽间岁一省，辄惊气血之衰；而寸草三春，益切思勤之报。乃者，干戈迫于闾里，道路梗于烽烟。迨游子有归，而慈舆早出，□正趋迎于间道，天幸相遇于中途。屡荷关垂，得资保护，从容出险，感激良深。只以劫运未消，休兵无日。据连天之烽火，谋避地于桃源。于是白发盈颠，挥泪而抛井里；青山回首，移家而上征程。

老母今年七十八岁，故乡至津四千余里，水陆更番，舟车频叠。宵征肃肃，寒露泠泠。鹤唳风声，魂惊魄动。每望慈亲之颜色，不禁痛泪之滂沱。前既无裨国事，愧弱职而旷官；近尤有戒高深，惧辱亲而招侮。兹幸大局粗定，实已万念俱灰。绝意仕途，敢法陶潜之归隐；承欢菽水，用希李密之陈情。伏祈大总统俯鉴微忱，特颁明令，准予辞去参政院参政，筹备全国煤、油、

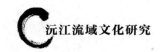

矿事宜并湘西宣慰使各差。俾遂儒私，实不胜感激涕零之至。所有辞职侍养缘由，谨具呈请，伏乞大总统钧鉴训示，谨呈。


（七）刘禹锡《竞渡曲》

刘禹锡（772~842年），字梦得，河南郑州人，唐朝文学家、哲学家，有"诗豪"之称。唐德宗贞元九年（793年），刘禹锡登进士第，同年又登博学宏词科。贞元十一年（795年），登吏部取士科，授太子校书，从此踏上仕途。贞元二十一年（805年）一月，因参与"永贞革新"失败受累，被贬为连州（今广东连州市）刺史，行至江陵，再贬朗州（今湖南常德）司马近十年。

朗州唐时偏僻蛮荒，但又不乏绿水青山，平湖秋月，美丽旖旎的山川风物、传说故事、风土人情，颇引起贬谪此地的刘禹锡的兴趣和赏爱。朗州十年期间，他踏遍了朗州的山山水水，聆听了各地的歌谣音乐、传说故事，目睹了各式各样的娱乐活动、婚恋场面，并将之形于诗文。这十年，是他诗歌创作的高峰期。据传，他流传至今的诗有八百多首，其中在朗州写的就有两百余首。这两百余首诗中，有不少诗是描写朗州风土风物风俗的，古风《竞渡曲》就是典型的范例。

《竞渡曲》，唐元和中刘禹锡作于朗州，原注云："竞渡武陵，至今举楫而和之，其音咸呼云'何在'，斯招屈议。事见《图经》。"竞渡之起源有多种说法，其中因觅沅江的屈原之说为信，如《隋唐嘉话》卷下载："俗五月五日为竞渡戏。自襄州以南，所向传云：屈原初一沉江之时，其乡人乘舟求之，意急而争前，后因为戏。"又《乐府诗集》卷九四记："……《荆楚岁时记》云：'旧传屈原死于汨罗，时人伤之，竞以舟楫拯之，因以成俗。'《岁华纪丽》云：'因勾践以成风，拯屈原而为曲'是也。"刘禹锡《竞渡曲》诗具体地描绘了唐时朗州人民在沅江划龙舟的竞渡比赛场面，而场面描写尤其以竞龙舟的奋力拼搏以及观者的热闹如狂为精彩。如第五至第八句将比赛场面渲染得有声有色，显出拼搏的紧张热烈的气氛，以及龙舟生龙活虎、在水中如龙如虹行进的状态，极富张力与感染力。再如第十五至第十八句，又从观赛者的角度进行描写，以观者如云、彩旗鲜艳、水嬉热闹之词，以表现竞舟民俗活动如痴如狂的情景。最后两句，诗人在描写竞舟场面的热闹之后，却以极为愁郁怅惘的句子结束，其中的深意值得深思。

时至今日，沅江流域五月端午节划龙舟竞渡的风俗习惯仍然如火如荼，沿江各地，龙舟赛经久不息，热闹非凡，尤以沅陵、常德为甚，除本地赛事年年举办外，还经常举办省级及以上的龙舟赛。

**附：刘禹锡《竞渡曲》**

沅江五月平堤流，邑人相将浮彩舟。

灵均何年歌已矣，哀谣振楫从此起。

扬桴击节雷阗阗，乱流齐进声轰然。

蛟龙得雨鬐鬣动，螮蝀饮河形影联。

刺史临流褰翠帏，揭竿命爵分雄雌。

先鸣余勇争鼓舞，未至衔枚颜色沮。

百胜本自有前期，一飞由来无定所。

风俗如狂重此时，纵观云委江之湄。

彩旗夹岸照蛟室，罗袜凌波呈水嬉。

曲终人散空愁暮，招屈亭前水东注。

（八）陶渊明《桃花源记》

陶渊明（约365～427年），字元亮，晚年更名潜，字渊明，别号

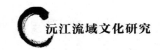

五柳先生，浔阳柴桑（今江西九江）人。东晋杰出诗人、辞赋家、散文家，被誉为隐逸诗人之宗、田园诗派之鼻祖。曾任江州祭酒、建威参军、镇军参军、彭泽县令等职，因不满当时的黑暗统治，任彭泽县令81天就毅然回乡隐居了。

《桃花源记》是陶渊明的代表作之一，约作于永初二年（421年）。那时作者归隐田园已经16年了。年轻时的陶渊明本有"大济苍生"之志，可是，他生活的时代正是晋宋易代之际，东晋王朝极端腐败，对外一味投降，安于江左一隅。统治集团生活荒淫，内部互相倾轧，军阀连年混战，赋税徭役繁重，加深了对人民的剥削和压榨。在国家濒临崩溃的动乱岁月里，陶渊明的一腔抱负根本无法实现。同时，东晋王朝承袭旧制，实行门阀制度，保护高门士族贵族官僚的特权，致使中小地主出身的知识分子没有施展才能的机会。像陶渊明这样一个祖辈父辈仅做过一任太守之类的官职，家境早已败落的寒门之士，当然就"壮志难酬"了，加之他性格耿直，清明廉正，不愿卑躬屈膝攀附权贵，因而和污浊黑暗的现实社会发生了尖锐的矛盾，产生了格格不入的感情。义熙元年（405年），他辞去了上任仅81天的彭泽县令一职，与统治者最后决裂，长期隐居田园，躬耕僻野。他虽"心远地自偏"，但"猛志固常在"，仍旧关心国家政事。元熙二年六月，刘裕废晋恭帝为零陵王，改年号为"永初"。次年，刘裕采取阴谋手段，用毒酒杀害晋恭帝。这些不能不激起陶渊明思想的波澜。他从固有的儒家观念出发，产生了对刘裕政权的不满，加深了对现实社会的憎恨。但他无法改变，也不愿干预这种现状，只好借助创作来抒写情怀，塑造一个与污浊黑暗社会相对立的美好境界，以寄托自己的政治理想与美好情趣。《桃花源记》就是在这样的背景下产生的。

《桃花源记》借一个渔人无意中发现世外桃源的故事，描绘了一个为作者所热烈向往的理想社会。在这里，没有统治者，没有剥削，人人劳动，自给自足，风气淳朴，家家过着和平幸福的生活。这个理想的社会，和作者所处的黑暗的现实社会是互相对立的，对当时的黑暗现实有批判意义。不过陶渊明的这个理想社会毕竟只是一个乌托邦，是不可能存在的，而且，文中也反映了他逃避现实的消极思想。但在写作技巧上，想象丰富，描写逼真，语言朴素自然，故事有头有尾，颇能引人入胜。因此，《桃花源记》成为千古流传的美文。

在沅江下游常德市桃源县城西南约15公里处竖有"世外桃源"石牌坊，这里是《桃花源记》所述避秦绝境原型，后人所称"世外桃源"的真迹。2018年12月桃花源景区被定为国家4A级旅游景区，存有历代各类《桃花源记》《桃花源志》等著作45卷，韵文200多首，散文13万余言，楹联100多幅，碑刻108块，字画600多幅，增添了这里的真实感，吸引无数中外游客前来旅游观赏。

**附：陶渊明《桃花源记》**

晋太元中，武陵人捕鱼为业，缘溪行，忘路之远近。忽逢桃花林，夹岸数百步，中无杂树，芳草鲜美，落英缤纷。渔人甚异之。复前行，欲穷其林。

林尽水源，便得一山。山有小口，仿佛若有光。便舍船，从口入。初极狭，才通人。复行数十步，豁然开朗。土地平旷，屋舍俨然，有良田、美池、桑竹之属。阡陌交通，鸡犬相闻。其中往来种作，男女衣着，悉如外人。黄发垂髫，并怡然自乐。

见渔人，乃大惊，问所从来。具答之。便要还家，设酒杀鸡作食。村中闻有此人，咸来问讯。自云先世避秦时乱，率妻子邑人来此绝境，不复出焉，遂与外人间隔。问今是何世，乃不知有汉，无论魏晋。此人一一为具言所闻，皆叹惋。余人各复延至其家，皆出酒食。停数日，辞去。此中人语云："不足为外人

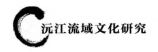

道也。"

　　既出，得其船，便扶向路，处处志之。及郡下，诣太守，说如此。太守即遣人随其往，寻向所志，遂迷，不复得路。南阳刘子骥，高尚士也，闻之，欣然规往，未果，寻病终，后遂无问津者。


　　（九）马援《武溪深》①

　　马援（前14～49年），字文渊，扶风茂陵（今陕西省兴平市窦马村）人，著名军事家，东汉开国功臣之一，被人尊称为"马伏波"。据《史记》载：东汉建武二十三年（47年），五溪精夫相单程率众起义，惊动朝廷。光武帝先派威武将军刘尚率兵万余前往镇压，结果全军覆灭。后又派谒者李嵩、中山太守马城迎战，结果也被击溃。建武二十五年（49年）三月，马援主动请缨，带领四万余人进剿。同年六七月，来到沅陵县壶头山清浪滩岸。起事队伍的首领杨四、杨五则在对岸杨家寨安营扎寨，与马援隔江对峙，凭险扼守。由于山高壁陡，清浪滩险，汉军无法进入，马援被阻。《水经注》载："壶头山下江边有石窟，即马援穿岸处。"《太平御览》载："士卒多疫死，援亦中病，穿岸为室，以避炎气"。马援在江岸所穿石室，据说共有48座。民国二十九年（1940年）《沅陵县志》载："伏波避暑室在清浪南、北岸，相传共有四十八座，岁久土塞，多不可觅。今所存者……十一座。马援进剿无果，夜夜感叹五溪山势之险恶，战事之艰难，便夜夜望月兴叹。"《古今注》曰："《武溪深》，乃马援南征之所作也。

───────────

　　①　武溪，又称武水。《汉纪》注曰："武溪在今辰州卢溪县西百八十里，即五溪之一，以源出武山得名。与酉阳分山，水源石上有盘瓠形迹犹存。南流注入沅水。昔五溪蛮所居之地。"

援门生爰寄生善吹笛，援作歌和之。名曰《武溪深》。"此诗描写了武溪的险恶，言简意赅，形象鲜明，让人过目不忘。不久，马援也因染疫而死。南北朝时，刘俊（南朝梁诗人，生卒年不详，字孝胜，曾任武陵王纪长史）写有《武溪深行》古诗，详细地描述了武溪之险，堪称马援《武溪深》之姊妹篇。

马援死后，因遭人谗言曾一度蒙冤，被收回新息侯印，直到永平十七年（74 年）才得以平反。建初三年（78 年）马援被汉章帝追谥忠成侯。自此，沅陵立祠于壶头山祭祀马援。五代时，楚王马殷自称是马援的后裔，在辖区内广建祠庙，沅陵沿河两岸也陆续建起了伏波庙、伏波宫、伏波祠等，其中最为壮观的就是清浪新息侯祠。千百年来，过往清浪的文人墨客、朝廷官员大多进祠朝拜，以示敬重。

**附：马援《武溪深》**

滔滔武溪一何深，

鸟飞不度，

兽不敢临。

嗟哉！

武溪兮多毒淫！

**又附：刘俊《武溪深行》**

武溪深不测，水安舟复轻。

暂侣庄生钓，还滞鄂君行。

棹歌争后发，噪鼓逐前征。

秦上山川险，黔中木石幷。

林壑秋籁急，猿哀夜月明。

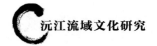

澄源本千仞，回峰忽万萦。

昭潭让无底，太华推削成。

日落野通气，目极怅余情。

下流曾不浊，长迈寂无声。

羞学沧浪水，濯足复濯缨。


## 三　精品艺术

### （一）东方气术：中国气文化的一朵奇葩

沅水悠悠，弦歌不绝。1993 年 8 月 4 日《怀化日报》报道：让顺庆患胆结石多年未愈，后又患上肝结石，通过一种特殊的导引方法，便排出了大量砂粒状结石，仅一周就痊愈。事实上，诸如此类事例还不少，怀化当地电视台晚间新闻节目也曾做过相关报道，怀化地区体育运动委员会则成立专门机构予以推广这种特殊的导引方法，产生了良好的社会反响。

21 世纪以来，这种特殊导引方法引起了科研人员的关注。科研人员对此进行了严格监测，对结石患者接受这种特殊导引方法排石前后均进行 B 超检查并做对比研究，将收集到的结石在实验室进行科学检验，结果发现，这种特殊导引方法的确能够化解结石。

中国健身气功科研基地科学实验报道：L 君近年来有口干口苦、饭点时腹部饱胀无饥饿感等症状，2020 年 5 月在省城大医院做 B 超检查发现胆囊多发息肉样病变，同时肝内多发细小光点，考虑可能是肝内胆管结石。同年 5 月 26 ~ 27 日，该患者接受了这种特殊的导引方法，自 5 月 28 日起，连续 7 天，陆续分离出一些黄色砂粒样结石，之后不再分离出结石。6 月 6 ~ 7 日，第二次接受这种特殊的导引方法，6 月 7 ~ 8 日两天，连续分离出多量黄色和棕黑色砂粒样结石，之后又不再分离出结石。6月13日，第三次接受这种特殊的导引方法，6月14～15日两天，又分离出少许黄色砂粒样结石，之后不再分离出结石。随后大半年，L君间断进行过配套的自我锻炼，之前的症状逐渐得到了改善。2021年3月1日，L君在省城同一家医院年度体检时复查，B超结果显示之前的肝内细小强光团消失了，胆囊内壁也由之前的"多发息肉样病变"变为"囊壁欠光滑，探及一个小息肉"。这个案例说明了结石与这种特殊导引方法的关系。

这种特殊的导引方法原理是什么呢？据了解，它的原理除了依据人体解剖和心理生理相关理论知识外，还依据中国哲学气本论思想和阴阳学说。可重复实验这种特殊的导引方法化解结石，尤其是运用这种特殊导引方法化解肝内胆管结石效果甚佳，堪称中国气文化的一朵奇葩。

（二）器乐艺术：国家级非遗通道芦笙音乐

2008年6月《国务院关于公布第二批国家级非物质文化遗产名录和第一批国家级非物质文化遗产扩展项目名录的通知》、2019年11月文化和旅游部办公厅发布的调整后的国家级非物质文化遗产代表性项目保护单位名单中，通道的"芦笙音乐（侗族芦笙）"都名列其中。

有2000多年历史的侗族芦笙，俗称"耿（或更）"或"伦"，广泛流传于湖南省通道侗族自治县境内，它是由古老的簧管乐器发展而来的一种传统民族民间乐器。它按吹奏形式和表演手法，分为地筒、特大芦笙、大芦笙、中芦笙、小芦笙、最小芦笙6种；传统芦笙有3个音12个调。侗族芦笙共有12首曲牌，主要包括"集合曲""进堂曲""踩堂曲""上路曲""走曲""圆圈曲"等。芦笙有3种记谱符号，即汉文译音记谱、现代简谱记谱和侗文记谱。

侗族芦笙有着丰富的表现力，演奏时常用一支能吹出最高音的芦笙作为领奏和指挥，配以数量不等的高、中、次中、低、倍低音芦笙和地筒一支，组成芦笙乐队重奏或合奏，也可独奏，乐队也可有其他形式的乐器配置。侗族芦笙舞表演最大的特点是自吹自舞、吹者自舞、舞者自吹、边吹边跳。

芦笙音乐属民族五声调式，音乐节奏较缓，旋律缠绵纤柔，自由舒缓；曲调较长，内涵丰富，委婉飘逸，与祭祀活动时如泣如诉缠绵悱恻的气氛有关。演奏时，笙管竖置，双手捧斗，指按音孔，嘴含吹口，吹吸均可发音，站、坐、走、跳均可吹奏，形式活泼多样。可奏出各种音程的双音或三音、四音和弦，能演奏 C、F、G 等调乐曲。

芦笙最早载于宋陆游《老学庵笔记》卷四："……辰、沅、靖州等地……农隙时……手相握而歌，数人吹笙在前导之。"

当今，演奏芦笙、跳芦笙舞作为一种传统的文化生活，受到了现代文化强烈冲击。通道侗族自治县又属国家级贫困县，人民群众的生产条件艰苦，生活水平不高，致使90%以上的中青年远走他乡，打工挣钱。因此，人们对演奏芦笙、跳芦笙舞逐渐失去兴趣，侗族芦笙这项宝贵的非物质文化遗产濒危。

（三）戏曲艺术：辰河高腔《目连救母》

"辰河高腔"2006 年 5 月列入第一批国家级非物质文化遗产名录。它是包括高腔、弹腔和少部分昆腔在内的，以高腔为主的一个地方戏曲剧种，因最早产生于沅江中上游的支流辰河一带，故名"辰河高腔"。因其曲腔幽雅，表演朴实，富有乡土特色，为人们所喜闻乐见，在怀化辰溪、沅陵、溆浦、中方和湘西州泸溪等县广为流传，还辐射到外省毗邻县（市）。

辰河高腔乃江西弋阳腔与当地民间戏曲融合发展而成。新中国成立后，怀化的辰溪、沅陵、溆浦等地相继成立高腔剧团，1956 年辰河高腔剧目《破窑记》《李慧娘》等参加湖南省第二届戏剧汇演引起轰动，次年进京献艺得到周恩来、刘少奇、贺龙等党和国家领导人的高度评价。至此，辰河高腔以弋阳腔为基础，吸收当地民间小调、宗教音乐、放排号子和山歌等民间音乐，不断研讨、实践、改造、锤炼、创新而逐步丰富完善，最终定格为艺术风格独特的大型地方剧种，成为我国戏剧百花园中一朵绚丽奇葩。

　　高腔曲牌有独特的艺术风格，非常适用于表达喜、怒、哀、乐等各种不同思想感情的剧目。它有 48 本"目连戏"及《黄金印》《一品忠》《琵琶记》等剧目。它曲调丰富，有曲牌 500 余支，主要曲牌有《归朝欢》《降皇龙》《浪淘沙》《淘金令》。曲调多以三眼板为节奏口传授教，其特点如下。①"向无曲谱，只沿土俗，借用乡语，改调歌之"。②声音高亢、嘹亮，风格粗犷、豪放，感情朴实、真挚，音域较宽。声音高亢时，裂金碎玉，响彻云霄；柔和时，则细若游丝，婉转别致，幽雅动人。③腔调可塑性大，曲牌宫调严谨，一支曲牌，各种行当的人物都可以用，可塑造各种人物形象，表达各种不同的感情。④一人启口，唢呐帮腔，不托管弦。男声用大本嗓演唱，给人以粗犷奔放之感；女声唱腔的高八度花腔委婉清亮，悦耳动听。

　　早期辰河高腔分生、旦、净、丑、外、副、末、贴八个角色行当，清末民初之后变为生、旦、净、丑四行，其中生角又分为正生、老生、红生、小生，旦角又分为正旦、小旦、摇旦、老旦等。演出时的伴奏乐器包括唢呐、笛子、京胡、二胡、三弦、大鼓、小鼓、小锣、云锣、钹等，特制的高腔唢呐声音高亢优美，能与唱腔融为一体，在帮腔和伴奏中发挥着重要作用。辰河高腔较早地在戏剧演出中实现了观众和演员的互动，被称为"世界上最早的意识流艺术"。辰河高腔在国外曾引起轰动，被誉为"中国戏剧的瑰宝"。

（四）民歌艺术：国家级非遗七星瑶乡茶山号子

号子，是一种最古老、最普及、最实用的群众文化创作和艺术表现形态。

号子有数十种之多，诸如伐木、盘木，挖地、打夯，行船、放排，摇橹、拉纤，挖山、栽田，舞龙灯、划龙船等都有号子歌，并配之于锣鼓行头。其中著名的有"栽田""船工""车水""盘木"号子，而其中之最当属辰溪七星瑶乡的"茶山号子"，其于 2008 年 6 月入列第二批国家级非物质文化遗产名录。

1958 年 9 月 30 日，七星瑶乡有"湘西歌王"美称的舒黑娃，在北京人民大会堂引吭高歌《早晨来》和《瑶家人民心向党》两首"茶山号子"歌，使茶山号子艺惊四座，在怀仁堂受到毛泽东、刘少奇、周恩来、朱德和贺龙等国家领导人的亲切接见。同年 10 月 1 日，舒黑娃荣登天安门城楼参加国庆观礼。自此，牢牢奠定了舒黑娃"湘西歌王"的稳固地位。

"茶山号子"的直接源头是挖茶山，它来源并服务于劳动生活。它的曲调变化多，唱词有固定的，也可随时编排。由于其劳动场面大，有锣鼓配合，和其他号子比，更加丰富多彩，引人入胜。

辰溪县七星瑶乡集体打锣鼓喊号子挖茶山的生产劳动习俗，从古代一直延续到 20 世纪六七十年代。特别以上蒲溪和罗子山周边的乡村为盛。那时一个生产队能扛锄头上山的男女劳动力全体出动，几十号人一溜排在茶山脚边，成一字长蛇阵横着向上挖去。山顶两人一人用锄头挑起锣，一人脖子上挂着鼓，边打锣鼓边唱号子歌，下面挖山的人随着号子的急缓，或奋力快挖，或舒缓慢锄。一缓一急有节奏地交替展开，锣鼓声、号子歌声、呼喊声、锄头翻挖土声，交织成一部原始、热烈、富有生活气息的劳动与艺术交响曲。

"茶山号子"歌，一般由两人唱，打鼓之人唱上班，打锣之人下班接腔，一唱一和，很是和谐。它一般是按时间顺序，一个时段一段号子词。

早晨开挖唱"早晨来"：

早晨来，早晨来，早晨戴个斗笠来，

你戴斗笠干什么？挖山锄茶遮日台（头）。

之后，上午、吃午饭、午饭后、下午及收工时都要唱。唱的歌词也各不相同。

"茶山号子"曲调高昂、激越、悠长，跌宕起伏。曲调高时，如春雷在山涧滚过。曲调低时，如细泉过石，风拂丛林。

"茶山号子"要唱好，必须要有先天嗓音好的禀赋、深厚的民族歌曲演唱基础，还要有良好的师承。因为难唱、独特、区域性强，它才成为辰溪县七星瑶乡的民歌艺术珍品。

（五）戏剧艺术：国家级非遗新晃傩戏"咚咚推"

新晃傩戏"咚咚推"起源于元代，有着600多年历史，现仅流行于新晃县贡溪乡四路村天井寨。在一个小寨子能传承600余年，不能不令人惊奇。它虽是一个小寨傩戏，但其人文价值丝毫不亚于其他傩戏，故而于2006年5月入选首批国家级非物质文化遗产名录。

"咚咚推"在演出时"咚咚"（鼓声）、"推"（一种中间凸出的小锣声）的锣鼓声中，演员双脚一直合着"锣鼓点"，不停地在舞蹈中踩着三角形跳跃进行。

老艺人介绍，这种踩三角形的舞蹈，是根据牛头和前脚成一三角形、牛尾和后脚又成一三角形的身体结构而来，是侗族农耕文化孕育

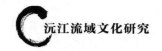

了"咚咚推"这一独特表演艺术。

"咚咚推"演唱时全用侗语,所有角色全戴面具,面具共有 36 副。其中,三国人物面具 12 副:关公、刘备、张飞、关平、周仓、王允、吕布、貂蝉、华佗、蔡阳、甘夫人、糜夫人。其中关公面具使用率最高。傩神面具 2 副:姜良、姜妹,传说中的侗族人祖先。神鬼面具 6 副:土地、雷公、雷婆、小鬼公、小鬼婆、瓜精。动物面具 3 副:公牛、母牛、狗。其他人物面具 13 副:刘高、官员、秀才、巫师、王婆、强盗、癞子各 1 副;差役 2 副、兵丁 4 副。这些面具,凭着夸张的造型,如今已成了艺术品。

剧目主要有反映本民族生活的《跳土地》《癞子偷牛》《老汉推车》等,也有《关公捉貂蝉》《古城会》等以关公为主角的三国戏。

"咚咚推"的音乐由当地山歌、民歌发展而成,常用曲调有"溜溜腔""石垠腔""吟诵腔"等。

"咚咚推"头饰比较独特,各种角色戴上面具后,头上均缠约 8 尺长的黑色丝帕,帕两端从脑后长拖于地,表演时,头帕自双肩搭过,双手各执一端进行各种象征性的表演,如摸胡子、牵牛、骑马等。

"咚咚推"演出完毕后的谢幕仪式,表演者全都戴上面具,由"关公""蔡阳"分头率领,表演舞蹈及呐喊。

"咚咚推"是侗族人民对生活寄寓期望、征服困难、抒发情怀的方式。如《跳土地》是每一场傩戏中必有的剧目,也是最先出场的剧目:表演者戴着面具,向土地神祈求五谷丰登、六畜兴旺、村民安康;而土地神,也慷慨地允诺下来;最后,村民感恩,答谢土地神。

在新晃县 60 周年县庆上,天井寨的一个节目"天傩佑晃州",将傩戏中的要素——三角跳、傩面具与现代元素结合起来,让来自各地的人们从一个新的角度领略到侗傩的美妙。

近年来，"咚咚推"引起了国内外的广泛关注，先后有日、韩等专家对其进行过多次考察，均给予了高度评价。

（六）舞蹈艺术：国家级非遗湘西土家族摆手舞

湘西自治州土家族摆手舞，2006年5月入列首批国家级非物质文化遗产名录，2019年11月，又入列国家级非物质文化遗产代表性项目保护单位名单。

摆手舞是土家族古老的传统舞蹈，始于公元940年土家族统治者彭士愁和楚王马希范结盟的事件，现主要流传于龙山、永顺、保靖等主要传承地。

摆手舞主要反映土家人的生产生活：如表现狩猎活动的"赶猴子""跳蛤蟆"等十多个舞蹈动作；表现原始宗教祭祀等生活的舞蹈，如"观音打坐"等舞蹈动作；生活舞有"扫地""打粑粑"等十多种。它综合了土家族在历史长河中积淀下来的各种文化元素，复原了土家人民原始的生活情趣和精神风貌。它以其鲜明的艺术形态、朴实的风貌、浓郁的乡土特色以及强烈的生活气息为土家人所喜爱，也是我国传统舞蹈的重要组成部分。它有专跳摆手舞的祭祀场所——"摆手堂"或"神堂"。

摆手舞舞姿粗犷大方，刚劲有力，节奏鲜明，被誉为集舞蹈艺术与体育健身于一体的"东方迪斯科"，分大摆手和小摆手两种。大摆手称"叶梯黑"，规模宏大，气势非凡，参加活动者可多达上万人，是最完整的摆手舞，这种大规模的舞蹈一般每两三年才举办一次，另外也会出现在土家族大型盛会上，如土家族的女儿会。小摆手叫"舍巴"或"舍巴巴"，规模和活动范围小，以农事、民俗为主，只在一个村寨大约一百人最多几百人参加的活动上举行。

举行摆手活动时，人们穿着各式各样土家服饰，手举龙凤大旗，打着灯笼火把，捧着"福"字米酒罐，担着五谷、猎物，抬着牛头、粑粑、刀头肉，手持齐眉棍、神刀、朝筒，扛着鸟枪、梭镖，吹着牛角、土号、唢呐，点响三眼铳，锣鼓喧天，歌声动地，男欢女乐，舞姿翩翩，气氛非常热烈。

摆手舞以打击乐伴奏，打击乐器有牛皮大鼓一个、大锣一面。演奏时，一人或两人在摆手堂中心击鼓打锣指挥全场。常用的曲牌有单摆、双摆、磨鹰闪翅、撒种等。节奏平稳，强弱分明，雄浑深沉。

摆手舞的音乐也很有特色。摆手舞开始时，由梯玛（巫师）用土家语演唱摆手歌即舍巴歌，舞蹈者和观众合唱。唱腔多为旋律性不强但颇有声势的喊腔，以表现强烈的欢乐情绪。同时，通过锣、鼓的节奏控制舞蹈队形、动作的变化。表现战斗动作时，节奏高亢激越；表现追忆祖先动作时，节奏舒缓而庄重；表现生产劳动时，节奏快慢有致；表现生活时，节奏轻松活泼。

（七）绘画艺术：中国现代民间绘画麻阳农民画

麻阳现代民间绘画，其前身为"麻阳农民画"，起源于"大跃进"时期，在当时丰收的景象和改造山河的场面中应运而生。它是由湘西苗族民间艺术变异而发展出来的一个新的绘画艺术门类。经过近60年的发展和广大作者的创造升华，它以浓郁的苗族民间特色、地域乡土特色和独特的现代民间绘画群体风格跻身于画坛，逐步形成了一个既有湘楚文化和麻阳苗族巫傩文化、盘瓠文化，又有时代生活情趣，更别于西方传统绘画而颇具特色的独立画种和画派——麻阳现代民间绘画，因其具有较高的艺术价值，一经问世，便载入了中国美术史，得到国家的承认。1988年2月，文化部命名麻阳县为"中国现代民间绘画画乡"。从此，麻阳现代民间绘画蜚声中外。接着麻阳县于2008年又被文化部授牌成为"中国民间文化艺术之乡"。

　　麻阳民间素有爱好工艺、美术的优良传统。苗族先民留下的古风遗俗、巫风傩舞、民间艺术、审美遗风在这里长期积淀，孕育了无数的民间艺人和艺术家，创造了丰富的苗族民间文化。无论是麻阳那众多祠堂、寺庙、庵堂中，还是大街小巷的摊店、神匾、墙报和宣传橱窗中，乃至居民农舍的门前屋内，都随处可见民间绘画，其画风自然古朴，意境深邃，这些民间绘画全都出自民间画师之手。它们融汇了湘西苗绣、挑花、蜡染、印花、剪纸、雕刻、木版年画以及原始美术、儿童绘画等造型、色彩、构图规律和表现手法，保留了民间绘画作者自身独特的原始朦胧、潜意识的质朴、纯真、稚拙、犷野、神秘的审美意蕴；博采中外各画派风格之长，构思巧妙，想象力丰富，富于湘楚巫傩文化浪漫、神秘色彩；构图充实饱满，打破时空界限，造型稚拙夸张，富于装饰性。

　　麻阳县 30 多年来，培训作者 4000 余人次，使民间绘画作者队伍不断扩大，作者水平不断提高，造就了一大批美的天使。其中 50 多名作者创作的作品在国内国际产生相当影响。1986 年以来，麻阳现代民间绘画多次在中国美术馆、广州美国领事馆、长沙等地举办专题画展，在国内外产生轰动效应。先后有 350 余幅作品在英国、日本、美国、德国等 20 多个国家和地区展出，深受称赞，16 幅作品在联合国教科文组织的出版物上发表，一批精品被中国美术馆、中国民间美术博物馆永久收藏，众多作品刊载于中外百余家报刊、画集、辞书，先后被国内外 50 多家媒体报道，10 多次荣获全国、文化部、省、地命名"称号"及"组织辅导奖"和各类行政奖励。

　　（八）锻制技艺：国家级非遗名录湘西苗族银饰

　　湘西自治州凤凰县苗族银饰锻制技艺，2006 年 5 月入列第一批国家级非物质文化遗产名录，是苗族民间独有的技艺，继而于 2019 年

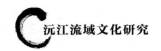

11 月，又入选《国家级非物质文化遗产代表性项目保护单位名单》。

苗族银饰始于明代，明郭子章《黔记》载："富者以金银耳珥"。

苗族银饰均以银为原料，式样和构造精心设计，从绘图、雕刻到制作，经铸炼、吹烧、锻打、拉丝、焊接、编结、镶嵌、擦洗和抛光等 30 余道工序，在家庭作坊由男性银匠手工制作而成。这一整套工序都体现出浓郁的民族风格和极高的文化品位，形成了苗家独有的"银饰文化"。其创制技艺充分体现了苗族人民聪明能干、智慧机巧、善良友好的民族性格。银饰纯净无瑕、质地坚硬，正是苗族精神品质的体现。因此在对外交往中，苗民常把银饰作为礼品赠送友人，和藏族的哈达、汉族的珠宝一样珍贵。

苗族银饰品是苗家人财富的象征，尤其是苗乡年节，或婚嫁迎娶，苗寨便成了银的世界。尤其妇女着盛装时必佩银饰，昂贵且繁多：银凤冠、银插花、银牛角、银花帽、银梳、银簪、银项圈、银耳环、银披肩、银压领、银腰链、银衣片、银衣泡、银铃、银手镯、银戒指和银脚饰等全身装饰可达二三十斤，且彼此配合，体现了完美的整体装饰效果。

苗族银饰分为头饰、颈饰、胸饰、衣饰、手饰、脚饰、盛装饰和童帽饰。头饰类型有银角、银扇、银帽、银围帕、银飘头排、银发簪、银插针、银顶花、银网链、银花梳、银耳环、银童帽等，胸颈饰有银项圈、银压领、银胸牌等，衣饰有银衣片、银围腰链、银扣等。其特点是以大为美、以重为美、以多为美。这些类型当中又可分为更细的式样，如银围帕有两种小类，一种是将散件银饰固定在头帕上，另一种则整体为银制，内衬布垫或直接固定在头上；银发簪则有以花、鸟、蝶为主要题材的式样等。

苗族银饰锻制技艺，是银匠根据需要先把熔炼过的白银制成银片、银条或银丝，利用压、刻、镂等工艺，制出精美纹样，然后再錾刻或编织成形：錾刻工艺的银饰，银料多以实心的块或面材模压而成，呈现厚重的造型，再在银片上錾刻精美的纹饰；编织工艺的银饰，是将银条拉丝后再编成各式线状的纹饰，玲珑剔透，分粗件和细件，粗件主要是项圈、手镯，细件主要是银花、银蝴蝶、银针、耳坠等。

苗族银饰锻制工序对技术的要求十分严格。做出十分精美的银饰，要求工艺师有十分高的艺术灵感、十分娴熟的技术以及十分沉寂的耐心。

（九）建筑雕刻艺术：载入吉尼斯世界纪录的侗族风雨桥

风雨桥是侗族区别于其他民族的一个显著特征，侗族建筑"三宝"之一，又称花桥，亦叫福桥，是侗族人民引以为豪的民族建筑物。位于沅江上游的芷江侗族自治县龙津风雨桥是其杰出代表，全桥由巨大的石墩、木结构的桥身、长廊和亭阁组合而成，史称"三楚西南第一桥"。明万历十九年（1591 年）始建，河中耸起 16 个石头桥墩，这些桥墩上的石头，当年是用鸡蛋、石灰、桐油粘连在一起的，十分坚固。墩上架木板，桥长如游龙戏水，因古时称渡口为津，又因桥墩与流水形如龙口喷津，故名龙津桥。此后，水毁、火烧、历经战乱、复修，一直是这座风雨桥的主旋律。

龙津风雨桥于 1998 年复修，1999 年 11 月竣工，时任全国人大常委会副委员长邹家华欣然书题"龙津桥"。芷江龙津风雨桥全长 252 米，宽 12.2 米，为当今世界第一大风雨桥，2000 年 12 月被载入吉尼斯世界纪录。龙津风雨桥人行道宽 5.8 米，长廊两侧共设厢房式店面 94 间，隔间建有 7 处凉亭，亭最高 18 米。整个风雨桥全木架构，由桥、廊、亭三部分组成。桥墩高 15 米，呈船形状，用规则四方的青石围砌而成。有 15 孔水道，16 座石墩。钢筋水泥桥面上，7 座五叠四层屋面的大楼亭雄踞长廊之上。位于桥中最高的八角亭，高18米，寓"要想发不离八"的吉祥意思。左右两边桥头处是马尾双坡亭，从双坡亭开始，一亭比一亭高，是借爬楼步步升高，比喻侗乡人的生活。层层龙鳞样式的3层廊檐和5层亭檐，檐口均上翘为"笑檐"，谐"笑颜长挂"。桥内，272根木柱，撑起这条侗乡神龙的脊梁！令人叹为观止的是，这成百上千的脚柱、悬柱、枋、梁、檩凳、栏杆、悬瓜，虽斜穿直套、纵横交错，却全用木榫嵌合，不用一钉一铆。特别是这些悬空的金柱木瓜，共有538根，这是对两柱撑一梁的传统工艺进行大胆改造创新而成，使人们得到空中立体审美的享受和愉悦。建造者还独具匠心，采用挂枋吊挂建筑方式，使亭、檐级级而上，势态如飞，气势宏大，蔚为壮观。深蓝色的琉璃瓦下，亭与亭之间的廊脊上嵌着的兽头和6组金黄色的"双龙抢宝"，一个个形态逼真，栩栩如生。白色的檐口、屋脊，体现出当代侗民族园林建筑风格，悬柱、悬瓜、脚柱、石鼓则体现了侗族木建筑艺术的风格。

怀化有名的侗族风雨桥还有名列国家级文物保护单位的通道侗族自治县坪坦河上包括普修桥、回龙桥、普济桥、永定桥、永福桥、回福桥、观月桥、文星桥、中步头桥等九座风雨桥群。

## 四　旅游景观

### （一）人文古迹：自古文人朝拜圣地——二酉藏书

"学富五车""书通二酉"是中华儿女耳熟能详的成语，用来比喻读书丰富，学识广博。其中"书通二酉"之典出在古辰州，辰溪大酉山与沅陵小酉山合为"二酉"，大酉藏书与小酉藏书，合为"二酉藏书"。大酉洞藏书的传说，在辰溪一带，古老相传，源远流长，成为一笔不可多得的宝贵文化遗产。

辰溪县位于沅江中游，湖南西部，属古五溪之一，辰溪县大酉山大酉洞位于辰阳古镇境内，正好为沅水与辰溪的交汇处，是连接中原地区与云贵高原的重要通道，素有"云贵锁钥"之称，具有得天独厚的地理优势。"书通二酉""才贯二酉"这两个成语，讲的都是"二酉藏书"的传说故事。大酉洞、小酉洞的传说，广泛流传于古辰州府一带，起源于唐宋，兴盛于明清。关于辰溪大酉山及其藏书故事，古代记载甚多。一是明清志书及典籍。其中比较有代表性的如明沈瓒等所著《五溪蛮图志》"大酉山"条有较详细记载。康熙版、乾隆版《湖南通志》，明万历《辰州府志》，各个时期《辰溪县志》均有记载。二是古代诗文记载。明清以来，众多文人雅士吟诵过大酉。如明王阳明《辰溪大酉洞》、薛瑄《大酉洞》、满朝荐《丙寅春游大酉洞作》、叶宪祖《游大酉洞》，清康仲玮《大酉山怀古》、吴瑛《大酉洞》等。这些诗歌从不同侧面印证了大酉山及大酉洞藏书事实的存在。三是近年考古发现印证了大酉藏书洞的存在。2013 年 2 月，在大酉山下沉睡 400 多年的大酉洞重见天日。新发现的大酉洞洞门石壁上镌有"大酉洞"三个大字，为明湖广布政司参议胡松于嘉靖十九年（1540 年）所题。洞壁还有明万历辰溪知县曹行健置存的石碑"小小酉"和古人留下的两副对联："崖深经炼药，穴古旧藏书""乾坤输大酉，山第剧同寅"。大酉洞的发现，进一步印证了古代典籍文献中所记载的与此有关的许多事实，为"学富五车""书通二酉"成语提供了确切的出典处。

大酉洞藏书传说有三种说法。一为黄帝藏书说。相传上古时，黄帝于大酉山藏书，武陵人善卷守护藏书。明张岱《夜航船》载："大酉山、小酉山为轩辕黄帝藏书之所"。二为穆王藏书说。相传周穆王喜好收藏异书，南巡大酉藏书于此。《五溪蛮图志》"图经"云："穆天子藏异书于大酉山、小酉山之中"。三为秦人藏书说。相传秦始皇焚书坑儒时，有书生舍身保护，藏书于二酉，汉时献于皇上。大酉洞，相传为秦人藏书室。明正统中，有樵夫入石室，见书，报县取之，手碰之便成灰尘。

大酉洞迁徙传说。相传在明代，因"书通二酉"的传说故事，大酉洞十分有名，达官贵人来辰溪游览不绝，成为地方政府的沉重负担，于是当地官员封闭洞门，而移诗碑于大酉山南五六里唐家山下之后洞，并于后洞壁镌"大酉洞"三字。2013年，在潭湾镇三甲塘村，发现了大酉洞，与传说中大酉洞几乎完全一致。

大酉藏书的故事，在清乾隆时，有人用和田玉雕刻成石室藏书图案送给乾隆皇帝，乾隆帝即兴赋诗一首《咏和阗玉石室藏书图》："纤巧由来素不容，玉人述古渐知宗。图成二酉藏巧处，辰汉和阗缩地缝。"大酉洞的传说故事在朝廷内外和大江南北广为流传。

近年来，对大酉洞及其传说的保护，辰溪县委县政府十分重视，民间文化人士加紧挖掘整理，计划编写文集，形成普及读本，进入乡土教材，制作视频资料，加以传承保护。大酉洞传说及藏书文化正在成为辰溪的一张亮丽文化名片。立于大酉山的大酉书院，更是一个让人穿越时空体悟史实的最佳去处。

（二）国家级风景名胜区桃花源

桃花源位于沅江下游常德市桃源县西南15公里的水溪附近，是陶渊明笔下《桃花源记》所描述的"世外桃源"真迹地，《辞海》《词源》中唯一添加注释的《桃花源记》原型地，国务院备案认可的"桃花源国家级风景名胜区"和国家森林公园。1995年，时任国家主席江泽民考察桃花源后认定："这就是陶渊明笔下的桃花源。"桃花源与北京故宫、西藏布达拉宫、敦煌莫高窟等共同荣膺2018年中国旅游影响力十大文化景区。

桃花源历史悠久，曾是中国古代四大道教圣地之一，被称为白马玄光之天，有三十五洞天、四十六福地的美誉。千百年来，陶渊明、李白、刘禹锡、苏轼、孟浩然、韩愈等大文豪在此留下了珍贵的诗文和墨迹，桃花源的山水田园之美、寺观亭阁之盛、诗文碑刻之丰、历史传说之奇，举世闻名。

桃花源集古老、神奇、幽奥、秀美、壮阔、清丽于一体，融诗情画意、历史传说于一炉，被人们誉为"人间仙境""世外桃源"。

其著名景点如下。

桃花山牌坊，主楼匾为一块玉嵌桃花石额，阴刻"桃花源"贴金大字。牌坊里面是被桃花溪环抱的一片桃林，牌坊节选陶渊明12首代表作，由当今国内书法名家书写，隐于山前桃林之中。

方竹亭，原名"桃川八方亭"，为桃花源现存最古老的建筑物。附近有碑廊，廊内立有历代吟咏桃花源的诗碑17方，书法秀逸，尚可摩读。

遇仙桥，传为武陵渔郎遇仙之处。原为一块自然崩落危岩横卧于涧，明朝天启年间始建单孔石拱桥，清初增建风雨桥亭。

桃花观，位于桃花山主峰。山门两旁石刻"秦时明月，洞口桃花"对联。观内悬历代名人题匾和近世名家书画。观两厢有蹑凤、玩月两亭，观院有两棵传为唐代所植的罗汉松。

集贤祠，祠始建于唐初，名靖节祠，立有陶渊明石像。厅堂正面壁上嵌有清咸丰年间石刻《桃花源记》，厅堂中供奉陶渊明木雕像。

陋室，刘禹锡在常德为官十年，多次来到桃花源游玩探访，与这一方山水深深结缘。一块"桃源佳致"的诗碑，四个字就是当年刘禹锡为桃花源题写。

秦溪，又名水溪，是沅江的重要支流之一。相传这里就是《桃花源记》中武陵渔郎误入世外桃源的所经之路。

桃川万寿宫，又称桃川宫，位于桃源山山腰。公元1112年，宋

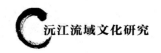

徽宗钦赐御书"桃川万寿宫"匾额，道观宏敞，古木垂荫，蔚然深秀，被誉为"江南第一宫"。

（三）水上奇观：天下第一漂——猛洞河漂流

猛洞河因"山猛似虎，水急如龙，洞穴奇多"而得名。"张家界看山，猛洞河玩水"已是湘西旅游精髓。

猛洞河水量丰富，河流坡降大，水急滩多浪奇，高大的峭壁直插水面，两岸并相靠拢，形成幽深的峡谷景观。沿河两岸古木参天，苍翠欲滴，奇石错落，流泉飞瀑随处可见，下游一路水碧山青，风光秀丽，野猴成群，溶洞奇特。猛洞河天下第一漂项目位于猛洞河支流，全长47公里，最精彩处位于哈尼宫至牛路河段，长约17公里。该景区两岸多为原始次森林，葱葱郁郁，水流湍急，碧绿清亮，有"十里绝壁，十里瀑泉，十里画卷，十里洞天"的美誉。其中有急流险滩108处，大小瀑布20处。

沿途主要景点如下。

哈尼宫瀑布。河水幽清澄碧，两岸石壁嶙峋。前方有一束似白纱的小瀑从断崖顶直挂下来，吊在绿茵茵的斜坡上。在左边笔直的石壁上，有费孝通题写的"天下第一漂"。

山脚岩石。水明石美，如一湾天然盆景，美石堆垒，水波摇影，有的像野马奔驰，有的若猴儿捞月，有的似玉兔临空。

捏土瀑布。捏土是土语"最美"的意思。此瀑高达30多米，宽50多米。飞云走雾，一派烟雨，绿树葱茏，怪石嶙峋。捏土的奇妙在于水潭中的两块石头，嵌在水中，宛若沉舟，又似石屏。

回首峡。现称阎王滩，狭而曲、凶且险，易进难出。舟行其中上下沉浮、左右猛拐、浪花袭人、惊险刺激，堪称"舟沉舟浮浪花里，人歌人笑烟雨中"。此峡，原无旱道，又无栈桥，不知河情的人，往往望峡叹息，拨船回首而归，故得名。

落水坑瀑布。高200多米，上窄下宽，是猛洞河最大的瀑布。它是一条水量丰富的小河，在此处突然失去河床的依托，水流飞奔直下，临空跌落到底下的陡坡上，然后呈弧形展开，直飞到猛洞河。

梦思峡谷。峡谷长100米，宽7米，高200多米。无数细流从绝壁上檐直垂河面，挂满了峡谷，形成一条瀑布长廊。一缕缕、一丝丝、一串串宛若银丝晶莹透明。瀑布下面有一些奇形怪状、滑得出奇的石头露出水面，石头表面上青苔如茵，湿漉漉、蓬松松，像姑娘没有织完的绿色地毯。漂近瀑布，瀑声如一群姑娘嬉笑逗闹"咯咯"不停。远离瀑布，瀑声又变得轻细，似情人秘语没完没了，情意绵绵。此情此景，如置身于梦幻般的童话世界，使人飘然做相思梦，故名梦思峡。有人诗曰：梦思峡水清悠悠，玉帘挂在天里头，乔木昂首接青天，泛舟胜似画中游。

### （四）最美古村落：国家级历史文化名村——五宝田村

五宝田古村位于沅江中游，隶属怀化辰溪县上蒲溪瑶族乡。后山是参天的古树，四周群山环抱；村前有一条九曲十八弯的小溪穿村而过。据传，五宝田为萧家子孙第23代宗安携家眷于清康熙年间从辰溪龙头庵萧家老屋搬迁至此而定居修建，距今有300多年历史。这期间，萧氏子孙牢记"耕读兴家"的祖训，通过置办田产、收租放贷等积累了大量财产而成为辰溪巨富，并从外地请来能工巧匠，对村落进行整体规划，修建了美妙绝伦的民居建筑。五宝田村落自下而上分三个小区，每个小区由两丈多高的封火马头墙围成独立院落，院内以砖墙和木构隔成若干小院，小院之间由数条横向的小巷道连接，院院相连，家家相通。三个片区由两条自下而上的纵向古巷道连通，浑然一体，匠心独运。居室为人畜分开而建，人住正屋，禽畜圈养于偏室仓室，人走大街，牲畜行牛路坑。

古村一栋栋木质四合院楼房，八字大门门框材质极为讲究，均采用当地特色的玉竹石雕刻而成。门梁、门楣、廊坊、石础等石材精雕细刻成"双龙戏珠"、"丹凤朝阳"、"天官赐福"、"麒麟送子"及"太极"、"八卦"等吉祥图案，以扶正祛邪。木构门窗楼阁饰以鸟兽花卉图案，形态逼真，栩栩如生。地面均以青石板铺地，所有墙角和堡坎都由小块玉竹石砌成。更让人惊叹的是，五宝田古村人自古就非常注意文明卫生习惯，每栋民居的厕所、牲畜栏圈修建隐蔽，整个村落自上而下建有排放污水的下水道，做到"出户不湿鞋，进屋不带泥"，这是古代其他村落所不能比拟的。

五宝田萧族秉承"耕读兴家"祖训的耕读所，卓然而立在一片美丽的稻田中，它占地2亩，全屋布局美观，功能设施齐全，仅木艺数十工匠费时三年才完工。整个建筑为梁柱式砖木结构，飞檐翘角，雕狮镂凤，气势恢宏。其中主楼、花园、操场等供先生传道授业之用；偏房谷仓、晒楼、草楼、牛栏、伙房、晒谷坪等建筑和用具供族上各户农耕之用。其八字大门横梁上四个遒劲大字"三余余三"的横批，不知让多少人对其产生了莫大的兴趣。其实，"三余"者，即"冬者岁之余、夜者日之余、雨者晴之余"，意为提醒读书人要倍加努力，学足"三余"；"余三"即"三年之耕而余一年之食，九年之耕而余三年之食"，意乃教育后人要勤俭持家，以备饥荒。

五宝田历史遗存丰富，文化底蕴深厚。2010年五宝田村被评为中国历史文化名村，2011年，该村古建筑群被评为省级文物保护单位，2017年11月，五宝田村获评第五届全国文明村镇，2019年12月，又入选第一批国家森林乡村名单。

（五）特色古镇：湘西第一古镇——黔城

黔城位于沅江上游，历史悠久，被古人誉为"楚南上游第一胜迹”的芙蓉楼所在地——古龙标县治、现洪江市治的黔城，仍保留着大部分的古城遗迹。汉高祖五年（前202）置镡成县，唐天宝初更为黔江、龙标，宋熙宁七年（1074年）复置黔江，宋元丰三年（1080年）置黔阳县。新中国成立前，一直是黔阳县治所在地。1949年县治搬迁安江后至新设洪江市，黔城都为乡级建制镇，故有“湘西第一古镇”之称。虽历经2200多年风雨，但城市轮廓犹存，历史风貌依旧，城内青石街巷纵横交错，明清建筑比比皆是，古建筑保护专家、同济大学阮仪三教授给予高度评价：“古城风貌完整统一，年代久远，确实是目前国内少见的整体风貌保存完整的古城”。古城依附南、北两条主要街道而形成的鱼骨状道路系统保存完整，有“九街十八巷”之称，城内园林、书院、文庙、楼阁、祠堂、客栈等古建筑罗列有致。有状元桥、老县衙、宝山书院、老爷巷、赤峰塔、芙蓉楼、钟鼓楼、吊脚门楼、古晒楼、中正门城楼（门上“中正门”三字系民国时期戴笠所书）、南正街、石板街、丁字巷、龙王庙、宗祠寺庙、窨子屋、会馆戏楼、古吊井、红砂城墙等40余处景点，是一座极具湘西地方建筑特色的“大观园”，有“江南古建筑博物馆”之称，为省级历史文化名城。城内的芙蓉楼坐落在沅、㵲水汇流之处，为古典园林建筑，北廓临江，依林踞阜，筑叠巧思、错落有致，是历代文人墨客吟诗作画之处。芙蓉楼一色青瓦屋面，屋顶泥塑多姿多彩，地方特色浓郁，它虽无皇家园林之气势、苏州园林之精致，却也飞檐卷垛，古典淡雅，清秀宜人。芙蓉楼内建有碑廊厅，刊有颜真卿、黄庭坚、米芾、岳飞、赵孟頫、陈梅仙等历代名人碑刻100多块，具有较深厚的文化底蕴，蔚为壮观。

芙蓉楼更因唐代诗家天子王昌龄贬龙标时写下《芙蓉楼送辛渐》，留下了“洛阳亲友如相问，一片冰心在玉壶”的千古绝唱而名闻天下，并跻身江南四大名楼。古城还有八大景观，分别是龙标耸翠、赤

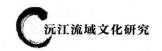

宝晴霞、狮滩渔网、鸬鹚春限、蟠龙晓霁、虎山夜月、牛坡樵唱、柳溪烟雨。正是这些历史胜迹反映出来的古建筑文化、古书院文化、古遗址文化、古庙宇文化、古碑刻文化、古墓葬文化、古名人文化、民族民俗文化，使无数游人魂牵梦萦，前往黔城旅游。

（六）和平地标：全国爱国主义教育基地——芷江受降园

芷江受降园位于沅水上游，在怀化芷江侗族自治县七里桥境内。1945 年 8 月 21 日，代表百万侵华日军的今井武夫参谋副长一行，奉侵华派遣军司令岗村宁次之命令，由南京飞抵芷江进行乞降会谈，交出了在华兵力部署图，接受了令其陆、海、空三军缴械投降命令备忘录。"芷江受降"宣告了日本帝国主义灭亡中国的美梦彻底破灭，写下了中国近现代史上洗雪百年国耻、抵御外敌入侵取得伟大胜利的最光辉一页，将定格在历史的坐标点上，永载史册。

为纪念这一重大史实，1946 年 2 月，国民政府在受降地建"受降纪念坊"一座，这是世界上唯一的二战胜利纪念标志建筑——被称为"中国凯旋门"。纪念坊以白石砌成，四柱三门，造型像一个"血"字。1985 年芷江受降园修复开放。

其主要景点如下。

受降纪念坊。是全球六座凯旋门之一。坊上嵌刻有蒋中正、李宗仁等人的题词和《芷江受降坊记》铭文。

受降旧址。由受降会场、中国陆军总司令部、何应钦办公室三栋鱼鳞板双层木结构平房组成。室内陈列的桌、椅、沙发等均属原物。

中国人民抗日战争胜利受降纪念馆。建成于 1995 年，采用声光电高科技手段陈列展出国家级文物 149 件，是全国唯一全面反映中国人民抗日战争胜利受降专题性纪念馆，被誉为中国"抗战胜利受降博览窗"。

　　湖南抗日战争纪念馆。设于太和塔内，展出珍贵历史照片 900 余张，文物文献 500 余件，多媒体 20 处，油画和国画 19 幅，雕塑 10 组，并采用照片、实物、模型、投影、场景复原等多种先进展示手段，全方位、立体式再现了湖南人民浴血抗战的光辉历史。

　　飞虎队纪念馆。坐落在芷江机场东边，外形是一座两架飞机形的环形建筑。2014 年 8 月 24 日，飞虎队纪念馆被列入第一批国家级抗战纪念设施、遗址名录。

　　中美空军联队俱乐部旧址。建于 1944 年 4 月，房屋西南端进口处右下侧，嵌有一块青石奠基石，镌刻着"中美空军联队俱乐部"，为国家一级文物。

　　太和塔。塔外观为五层屋檐：上为三重檐，象征天；下为两重檐，象征地。整个建筑体现了深厚的传统感与明快的现代性的完美结合，深刻的象征性与简洁的庄严感的恰当配称，既凸显了中华民族的悠久历史与中华文化的博大精深，又体现了中国人民与时俱进、自立于世界民族之林的决心与信心。

# 参考文献

〔元〕马端临撰《文献通考》，中华书局，1986。

〔清〕黄本骥：《黄本骥集（1）》，岳麓书社，2009。

李怀荪：《五溪漫话》，湖南大学出版社，2020。

林河：《林河自选集》，湖南文艺出版社，2004。

杨慎之主编《湖南历代人名词典》，湖南出版社，1993。

李宗昉：《黔记》，中华书局，1985。

〔明〕沈瓒编撰，〔清〕李涌重编，陈心传补编《五溪蛮图志》，伍新福校，岳麓书社，2012。

雷家森：《老司城与湘西土司文化研究》，岳麓书社，2014。

湖南省志编纂委员会编《湖南省志·地理志》，湖南人民出版社，1987。

洪江市志编纂委员会编《洪江市志》，生活·读书·新知三联书店，1994。

湖南省怀化市编纂委员会编《怀化市志》，生活·读书·新知三联书店，1994。

湖南省怀化地区地方志编纂委员会编《怀化地区志》，生活·读书·新知三联书店，1999。

常德市志编纂委员会编《常德市志》，中国科学技术出版社，1993。

贵州省地方志编纂委员会编《贵州省志·地理志》（上册），贵州人民出版社，1985。

贵州省地方志编纂委员会编《贵州省志·地理志》（下册），贵州人民出版社，1988。

傅角今编著《湖南地理志》，湖南教育出版社，2008。

罗运胜：《明清时期沅水流域经济开发与社会变迁》，社会科学文献出版社，2016。

中国人民政治协商会议湖南省辰溪县委员会学习文史委员会编《辰溪文史》第十辑，2004。

芷江侗族自治县人大编《文化·芷江 芷江诗韵》，中国民族摄影艺术出版社，2010。

杨志强、赵旭东、曹端波：《重返"古苗疆走廊"：西南地区、民族研究与文化产业发展新视阈》，《中国边疆史地研究》2012年第2期。

杨志强、安芮：《南方丝绸之路与苗疆走廊——兼论中国西南的"线性文化空间"问题》，《社会科学战线》2018年第12期。

张应强：《流域的历史文化逻辑》，《原生态民族文化学刊》2018年第1期。

罗运胜：《湖南沅水流域人口变迁的历史特点及其影响》，《中国社会经济史研究》2015年第2期。

尹海江：《沅水流域古代战事载籍诗文与传说歌谣述略》，《中国文学研究》2014年第3期。

章睿：《湖南沅水流域传统集镇空间结构研究》，湖南大学硕士学位论文，2012。

张昌竹：《楚国黔中郡郡治在溆浦考》，《中国楚辞学》2009年第

3 期。

潘惠：《屈原〈涉江〉"辰阳""溆浦"地望考释》，《湖南文理学院学报》（社会科学版）2007 年第 2 期。

蒋波、潘淑萍：《东汉武陵郡太守群体论略》，《湖南省博物馆馆刊》，2020。

谭伟平：《楚文化·湖湘文化与五溪文学》，《船山学刊》2002 年第 1 期。

姜丝云、刘军：《实施好乡村振兴的文化铸魂工程》，《社会主义论坛》2019 年第 4 期。

# 后　记

　　本书是在湖南省社会科学院的统一组织和指导下，由湖南省社会科学院和怀化学院等单位人员共同完成，是湖南省社会科学院重点科研项目"湖南流域（一湖四水）文化研究"研究成果之一。从策划到成稿，历时近一年时间。编写过程中的写作分工为：第一章由姜又春撰写，第二章由姜莉芳撰写，第三章由曹端波撰写，第四章由吴波撰写，第五章由田收、姜莉芳撰写，第六章由 田光辉 撰写，风物选介由木兰、毛墀芳、唐光斌、瞿春林撰写。唐光斌、姜莉芳分别代表湖南省社会科学院和怀化学院组织编委会成员定期交流，为书稿的顺利完成付出了辛劳，初稿完成后，各章节作者进行了多次修改。各章节稿件汇总后，主编、副主编在统稿过程中又多次进行修改，并增加或删减了部分内容。在此，我们一并表示衷心感谢！由于水平和阅历有限，书中难免存在不足乃至错误，敬请读者批评指正。

编　者

2022 年 1 月

图书在版编目（CIP）数据

沅江流域文化研究 / 贺培育主编；唐光斌，吴波副
主编 . -- 北京：社会科学文献出版社，2022.8
（湖南流域文化丛书）
ISBN 978 - 7 - 5228 - 0259 - 6

Ⅰ.①沅… Ⅱ.①贺… ②唐… ③吴… Ⅲ.①河流 -
流域 - 文化研究 - 沅江市 Ⅳ.①K928.42

中国版本图书馆 CIP 数据核字（2022）第 106175 号

湖南流域文化丛书
沅江流域文化研究

主　　编／贺培育
副 主 编／唐光斌　吴　波

出 版 人／王利民
组稿编辑／邓泳红
责任编辑／张　超
责任印制／王京美

出　　版／社会科学文献出版社·皮书出版分社 （010）59367127
　　　　　地址：北京市北三环中路甲 29 号院华龙大厦　邮编：100029
　　　　　网址：www. ssap. com. cn
发　　行／社会科学文献出版社 （010）59367028
印　　装／三河市龙林印务有限公司

规　　格／开　本：787mm × 1092mm　1/16
　　　　　印　张：14.25　字　数：182 千字
版　　次／2022 年 8 月第 1 版　2022 年 8 月第 1 次印刷
书　　号／ISBN 978 - 7 - 5228 - 0259 - 6
定　　价／98.00 元

读者服务电话：4008918866